WELCOME TO
DIVNOGRAD!

AN ILLUSTRATED WORKBOOK
FOR STUDENTS
OF RUSSIAN

BY

SAMUEL D. CIORAN & GENNADI KALININ

SECOND EDITION

ARDIS

Ardis Publishers
24721 El Camino Capistrano
Dana Point, CA 92629

ISBN 0-87501-103-9

Foreword

The textbook *Welcome to Divnograd!* is the result of a collaborative effort between McMaster University (Hamilton, Ontario, Canada), Kazan State University (Kazan, Russia) and JV Fort Dialogue (Kazan). The primary purpose of this work is to provide a wide variety of illustrated and task-oriented exercises for the Russian textbook published under the title of *RussianAlive!*. At the same time, *Welcome to Divnograd!* is a self-contained resource book which could be easily used either by itself or to support other Russian grammar texts. The workbook has been successfully employed at the beginning and intermediate stages of Russian, as well as at the more advanced levels because of the wide variety of socio-cultural materials contained in it.

If you are using *Welcome to Divnograd!* together with *RussianAlive!* you will find directions in *RussianAlive!* which indicate which exercises to do in *Welcome to Divnograd!* and in which order they should be done. Students using *RussianAlive!* are not expected to work sequentially through *Welcome to Divnograd!*. The Divnograd exercises which students are expected to do in connection with *RussianAlive!* cover only about 40% of the content of the workbook. However, the instructor, depending upon his/her inclination and the available time, can add additional materials from this workbook as desired. Once again the authors wish to emphasize that there is no preconceived idea behind the actual sequence of materials in *Welcome to Divnograd!*. Instructors are encouraged to use their imagination in exploiting the contents of *Welcome to Divnograd!* for giving a socio-cultural dimension to Russian language instruction.

The authors would like to give special thanks to the following persons for providing their expert advice on questions of usage in contemporary Russian and for proofreading the text: Alla Ageyeva and Nina Orlova of Kazan State University; Victor Sosnin of the Obninsk Atomic Power Institute; Dr. Inga Dolinina (The Petersburg Institute for Linguistic Research and Visiting Professor at McMaster University).

Finally, a special thanks to Dr. Yevgeniya Gavrilova of the Faculty of Journalism (Department of Stylistics) at Moscow State University who with her extensive knowledge and experience in Russian language studies and superb eye for detail provided us with inestimable help in preparing this second edition of *Welcome to Divnograd!*. Moreover, to Dr. Gavrilova goes the credit for suggesting the additional exercises which are on page 92 and for authoring all the reading material contained in Part 12.

Samuel D. Cioran
Gennadi Kalinin

Audio Tape

An audio tape is available for *Welcome to Divnograd!*. This tape contains the biographies of the twenty inhabitants of Divnograd as recorded by twenty different voices. In addition, the same tape includes the five dialogues requesting information on directions to various destinations in the city.

The audio tape may be ordered individually, or as part of the four-cassette collection for *RussianAlive!*. Please address your order directly to:

Samuel D. Cioran
Humanities Computing Centre, TSH-312
McMaster University
Hamilton, Ontario, Canada L8S 4M2
voice: (905) 525-9140 (x27012)
fax: (905) 577-6930
email: CIORAN@MCMASTER.CA

Table of Contents

Part 1

The Apartment

(Кварти́ра)

Apartment

Expressions and Additional Vocabulary

входи́ть/войти́ в подъе́зд	go in the entrance
открыва́ть/откры́ть почто́вый я́щик	open the mail box
закрыва́ть/закры́ть почто́вый я́щик	close the mail box
поднима́ться/подня́ться на ли́фте	take the elevator up
спуска́ться/спусти́ться на ли́фте	take the elevator down
поднима́ться/подня́ться по ле́стнице	go up (climb) the stairs
спуска́ться/спусти́ться по ле́стнице	go down (descend) the stairs
стуча́ть/постуча́ть в дверь	knock on the door
звони́ть/позвони́ть в дверь	ring at the door
открыва́ть/откры́ть дверь	open the door
закрыва́ть/закры́ть дверь	close the door
снима́ть/снять пальто́, ку́ртку	take off (your) coat, jacket
надева́ть/наде́ть пальто́, ку́ртку	put on (your) coat, jacket
снима́ть/снять ту́фли	remove (your) shoes
надева́ть/наде́ть ту́фли	put on (your) shoes
надева́ть/наде́ть та́почки	put on slippers

Questions

1. Using the present tense, describe the complete process of entering an apartment and leaving it again (i.e., I enter the front door, climb the stairs/take the elevator up, ring the bell, etc.).
2. Do the same thing using the imperfective past tense to describe how you performed these actions repeatedly in the past. You could use the adverbs **обы́чно** (usually) or **ра́ньше** (earlier, before, used to) or **ка́ждый день** (every day) to emphasize repetition or frequency.
3. Now use the imperfective future tense to describe how you will do this repeatedly in the future.
4. Next use the perfective past tense to describe how you performed these actions once in the past. You might use adverbs like **вчера́** (yesterday), **позавчера́** (the day before yesterday) or **на про́шлой неде́ле** (last week) to emphasize the past tense.
5. Finally, use the perfective future tense to describe how you will perform these actions once in the future. You could use adverbs like **за́втра** (tomorrow) or **на бу́дущей неде́ле** to emphasize the future.
6. Explain in Russian what are the parts (rooms, etc.) that a typical apartment consists of.

Кварти́ра

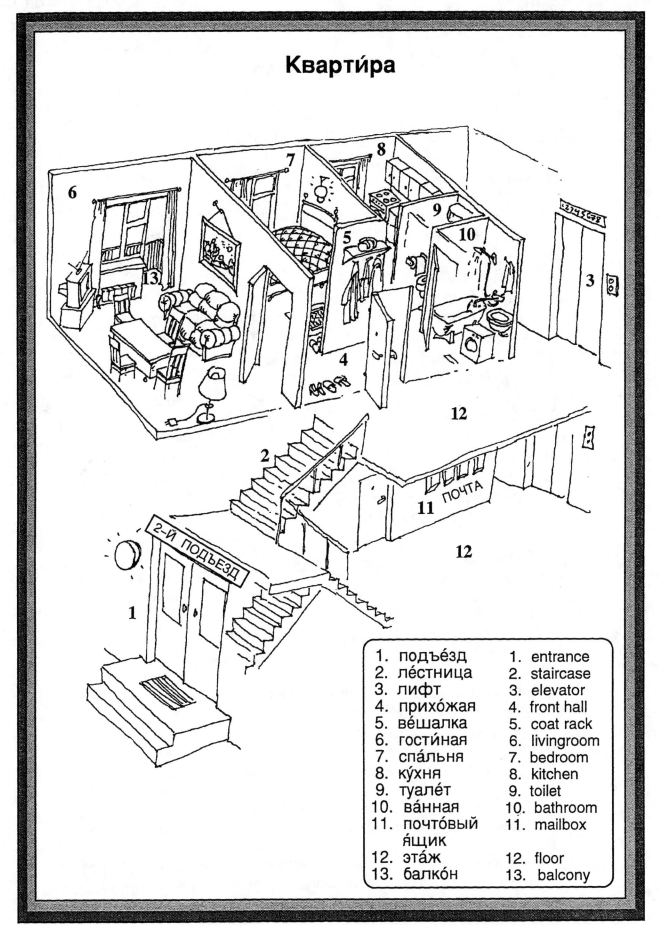

1. подъе́зд — 1. entrance
2. ле́стница — 2. staircase
3. лифт — 3. elevator
4. прихо́жая — 4. front hall
5. ве́шалка — 5. coat rack
6. гости́ная — 6. livingroom
7. спа́льня — 7. bedroom
8. ку́хня — 8. kitchen
9. туале́т — 9. toilet
10. ва́нная — 10. bathroom
11. почто́вый я́щик — 11. mailbox
12. эта́ж — 12. floor
13. балко́н — 13. balcony

Kitchen

Expressions and Additional Vocabulary

обе́дать/пообе́дать	to eat (second meal)
есть/съесть (обе́д, суп, мя́со)	to eat
гото́вить/пригото́вить обе́д	to cook, to make dinner
вари́ть/свари́ть обе́д	to cook (boil) dinner
жа́рить/поджа́рить (карто́шку, мя́со)	to fry (potatoes, meat)
вари́ть/свари́ть (суп, о́вощи)	to boil (soup, vegetables)
печь/испе́чь (пиро́г, торт)	to bake (savoury pie, cake)
чи́стить/почи́стить (о́вощи)	to clean/peel (vegetables)
ре́зать/наре́зать (хлеб, мясо, сыр)	to cut, slice (bread, meat, cheese)
вари́ть/свари́ть ко́фе	to make (brew) coffee
зава́ривать/завари́ть чай	to make tea
зава́рка	tea leaves; steeped tea
кипято́к	boiling water
кипе́ть (вода́ кипи́т)	to boil (*intrans.*)
ста́вить/поста́вить на плиту́ (ча́йник, кастрю́лю, сковоро́дку)	to put on the stove (tea kettle, pot, frying pan)
налива́ть/нали́ть (во́ду, чай, ко́фе)	to pour (water, tea, coffee)
ста́вить/поста́вить в холоди́льник	to put in the fridge
класть/положи́ть в холоди́льник	to put in the fridge
достава́ть/доста́ть из холоди́льника	to get out of the fridge
убира́ть/убра́ть посу́ду со стола́	to clear the dishes from the table
мыть/вы́мыть посу́ду	to wash the dishes

Questions

(List of questions based on activities and items in the kitchen.)

1. Кто у вас до́ма обы́чно гото́вит обе́д?
2. Кто у вас до́ма обы́чно мо́ет посу́ду?
3. Где вы обы́чно мо́ете посу́ду?
4. На чём вы жа́рите мя́со?
5. В чём кипи́т вода́?
6. Кто у вас до́ма зава́ривает чай? Кто ва́рит ко́фе?
7. Каки́е проду́кты вы кладёте в холоди́льник?
8. Try to describe the entire process of preparing a meal from the beginning to the end (including cleaning and cutting food, cooking or boiling specific items, making tea or coffee, cleaning up and washing the dishes).

Ку́хня

1. посу́да	1. dishes	14. сковоро́дка	14. frying pan
2. ку́хонный шкаф	2. kitchen cupboard	15. плита́	15. stove
3. ра́ковина	3. sink	16. холоди́льник	16. refrigerator
4. кран	4. tap	17. хле́бница	17. bread box
5. мы́ло	5. soap	18. стол	18. table
6. щётка	6. brush	19. проду́кты	19. food
7. порошо́к	7. powder	20. ко́врик	20. mat
8. ве́ник	8. broom	21. батаре́я	21. radiator
9. ведро́ для му́сора	9. garbage can	22. за́навески	22. curtains
10. разде́лочная доска́	10. cutting board	23. стул	23. chair
11. полоте́нце	11. towel	24. календа́рь	24. calendar
12. нож	12. knife	25. насте́нные часы́	25. wall clock
13. кастрю́ля	13. pot	26. ла́мпа	26. lamp
		27. ча́йник	27. tea kettle

Living Room

Expressions and Additional Vocabulary

отдыха́ть/отдохну́ть	to rest, relax
сиде́ть/посиде́ть* в кре́сле	to sit in an armchair
сиде́ть/посиде́ть* на дива́не	to sit on the sofa
лежа́ть/полежа́ть* на дива́не	to lie on the sofa
сади́ться/сесть в кре́сло	to sit down in an armchair
сади́ться/сесть на дива́н	to sit down on the sofa
ложи́ться/лечь на дива́н	to lie down on the sofa
включа́ть/включи́ть (свет, ла́мпу, телеви́зор, радиоприёмник, магнитофо́н)	to turn on (light, lamp, TV, radio, tape recorder)
выключа́ть/вы́ключить (свет, ла́мпу, телеви́зор, радиоприёмник, магнитофо́н)	to turn off (light, lamp, TV, radio, tape recorder)
смотре́ть/посмотре́ть (телеви́зор, ви́део)	to watch (TV, video)
слу́шать/послу́шать (му́зыку, пласти́нки, магнитофо́н)	to listen (to) (music, records, tape recorder)
чита́ть/прочита́ть (газе́ту, журна́л)	to read (newspaper, magazine)
принима́ть/приня́ть (госте́й)	to receive, entertain guests
убира́ть/убра́ть	to clean up, to tidy up
полива́ть/поли́ть (цветы́)	to water (the flowers)

* These perfectives indicate that the action continues for a while and then ceases.

Questions

1. Кто у вас до́ма обы́чно убира́ет и полива́ет цветы́ в гости́ной?
2. Кто лю́бит сиде́ть или отдыха́ть у вас в гости́ной?
3. Что де́лает ка́ждый из вас в гости́ной?
4. Вы мо́жете назва́ть вещи, кото́рые нахо́дятся в гости́ной?
5. Кого́ вы обы́чно принима́ете в гости́ной?
6. Try to describe the typical activities of an entire day or evening in the living room, from the moment you enter till the moment you leave (don't forget to turn the lights on and off!).

Гости́ная

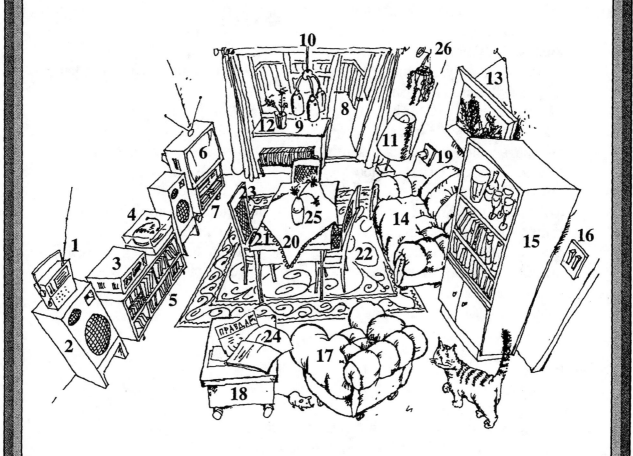

1. радиоприёмник	1. radio	14. дива́н	14. sofa
2. дина́мик	2. speaker	15. шкаф	15. cabinet
3. магнитофо́н	3. tape recorder	16. выключа́тель	16. switch
4. про́йгрыватель	4. record player	17. кре́сло	17. armchair
5. пласти́нки и кассе́ты	5. records and cassettes	18. журна́льный сто́лик	18. coffee table
6. телеви́зор	6. television	19. розе́тка	19. plug
7. ви́дик	7. VCR	20. ска́терть	20. tablecloth
8. балко́н	8. balcony	21. стол	21. table
9. подоко́нник	9. window shelf	22. ковёр	22. rug
10. лю́стра	10. ceiling lamp	23. стул	23. chair
11. торше́р	11. floor lamp	24. журна́лы и газе́ты	24. magazines & newspapers
12. цветы́	12. flowers	25. ва́за	25. vase
13. карти́на	13. picture	26. расте́ние, цвето́к	26. plant, flower

Bathroom

Expressions and Additional Vocabulary

умыва́ться/умы́ться (с мы́лом)	to wash (oneself) (with soap)
мыть/вы́мыть ру́ки, лицо́, го́лову	to wash (your) hands, face, head
принима́ть/приня́ть душ	to take a shower
чи́стить/почи́стить зу́бы	to clean (your) teeth
мы́ться/помы́ться в ва́нне	to take a bath
смотре́ться/посмотре́ться в зе́ркало	to look at yourself in the mirror
расчёсывать/расчеса́ть во́лосы	to comb (your) hair
бри́ться/побри́ться	to shave oneself
открыва́ть/откры́ть кран	to turn the tap on
закрыва́ть/закры́ть кран	to turn the tap off
стира́ть/вы́стирать бельё	to do the laundry
сы́пать/насы́пать стира́льный порошо́к	to add laundry soap
горя́чая вода́	hot water
холо́дная вода́	cold water

Questions

1. Кто у вас до́ма обы́чно стира́ет бельё?
2. Кто у вас обы́чно убира́ет в ва́нной?
3. Кто из вас предпочита́ет принима́ть душ, а кто ва́нну?
4. Вы мо́жете назва́ть ве́щи, кото́рые нахо́дятся в ванной?
5. Чем вы по́льзуетесь, чтобы почи́стить зу́бы?
6. Чем вы мо́ете руки или лицо́?
7. Чем вы мо́ете го́лову?
8. Try to describe an entire series of activities in the bathroom from the moment you enter until you leave.

Ва́нная и туале́т

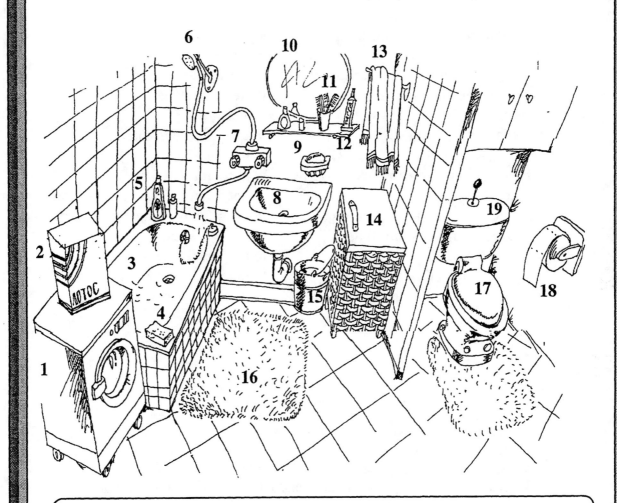

1. стира́льная маши́на	1. washing machine	10. зе́ркало	10. mirror
2. стира́льный порошо́к	2. laundry soap	11. зубна́я щётка	11. tooth brush
3. ва́нна	3. bathtub	12. зубна́я паста	12. tooth paste
4. гу́бка	4. sponge	13. полоте́нце	13. towel
5. шампу́нь	5. shampoo	14. корзи́на для белья́	14. laundry basket
6. душ	6. shower	15. ведро́	15. bucket
7. кран	7. tap	16. ко́врик	16. rug
8. ра́ковина	8. handbasin	17. унита́з	17. toilet bowl
9. (туале́тное) мы́ло	9. (face) soap	18. туале́тная бума́га	18. toilet paper
		19. (сливно́й) бачо́к	19. water tank

Bedroom

Expressions and Additional Vocabulary

идти́/пойти́ спать (ра́но, по́здно)	to go to bed (early, late)
ложи́ться/лечь спать (ра́но, по́здно)	to go to bed (early, late)
встава́ть/встать (ра́но, по́здно)	to get up (early, late)
раздева́ться/разде́ться	to get undressed
одева́ться/оде́ться	to get dressed
снима́ть/снять та́почки	to take off (your) slippers
включа́ть/включи́ть (свет, ла́мпу)	to turn on (light, lamp)
выключа́ть/вы́ключить (свет, ла́мпу)	to turn off (light, lamp)
класть/положи́ть ве́щи в шкаф	to put (your) things in the wardrobe
ве́шать/пове́сить ве́щи в шкаф	to hang (your) things in the wardrobe
стели́ть/постели́ть посте́ль	to make the bed
убира́ть/убра́ть посте́ль	to tidy up/put away the bedding
открыва́ть/откры́ть фо́рточку	to open the window vent
закрыва́ть/закры́ть фо́рточку	to close the window vent

Questions

1. Кто у вас обы́чно убира́ет в спа́льне?
2. Кто у вас обы́чно сте́лит посте́ль?
3. Куда́ вы обы́чно ве́шаете свои́ ве́щи?
4. Вы обы́чно открыва́ете или закрыва́ете фо́рточку, когда́ ложи́тесь спать?
5. Во ско́лько вы обы́чно ложи́тесь спать?
6. Во ско́лько вы обы́чно встаёте у́тром?
7. Вы лю́бите чита́ть в посте́ли?
8. Вы мо́жете назва́ть вещи, кото́рые нахо́дятся в спа́льне?
9. Try to describe in the usual order how you get ready for bed at night and get up in the morning. Don't forget to turn the lights on and off!

Спа́льня

1. шкаф	1. wardrobe	12. ко́врик	12. mat
2. бельё	2. bed linen	13. та́почки	13. slippers
3. га́лстук	3. tie	14. ковёр	14. rug
4. оде́жда	4. clothes	15. туале́тный сто́лик	15. makeup table
5. зе́ркало	5. mirror	16. батаре́я	16. radiator
6. ковёр	6. (wall) rug	17. ка́ктус	17. cactus
7. поду́шка	7. pillow	18. што́ры	18. curtain
8. крова́ть	8. bed	19. окно́	19. window
9. одея́ло	9. blanket	20. фо́рточка	20. window vent
10. простыня́	10. sheet	21. буди́льник	21. alarm clock
11. торше́р	11. floor lamp	22. ту́мбочка	22. night table

Family

Expressions and Additional Vocabulary

имéть большýю/мáленькую семью́	to have a big/small family
(or: у меня́ большáя/мáленькая семья́)	
быть взрóслым*	to be grown-up
быть стáршим* в семьé	to be the oldest in the family
быть млáдшим* в семьé	to be the youngest in the family
быть стáрше/молóже когó-либо	to be older/younger than s.o.
похóж (похóжа) на когó-либо	resemble, look like s.o.
жени́ться на ком-либо (only of men)	to marry someone
женáт на ком-либо (only of men)	married to someone
вы́йти зáмуж за когó-либо (only of women)	to marry someone
(быть) зáмужем за кем-либо (only of women)	(to be) married to someone

*These adjectives are in the instrumental case because they appear after the verb "to be" (i.e., after the infinitive, past or future forms of быть). If the verb "to be" is omitted (i.e., in the present tense) then you will use the short form of the adjective as is the case in the questions below (4–8). The exception to this is зáмужем which does not change its form at all when used after any tense of быть.

Questions

1. Скóлько человéк в э́той семьé?
2. Кто сáмый стáрший?
3. Кто сáмый млáдший?
4. На когó похóж внýк?
5. На когó похóжа внýчка?
6. На когó похóж отéц?
7. На когó похóжа мать?
8. На когó похóж сын?
9. Кто симпати́чнее, мать и́ли тётя?
10. Кто бóлее высóкого рóста, отéц и́ли дя́дя?
11. Кто стáрше, внýчка и́ли внук?
12. Кто молóже, мать и́ли тётя?
13. Кто молóже, бáбушка и́ли дéдушка?
14. Кто бóлее высóкого рóста, мать и́ли тётя?
15. Try to describe the various members of the family (according to age, size, hair, clothing, appearance).
16. Try to describe who is married to whom.

Семья́

1. де́душка	1. grandfather	10. муж	10. husband
2. ба́бушка	2. grandmother	11. жена́	11. wife
3. оте́ц (па́па)	3. father	12. брат	12. brother
4. мать (ма́ма)	4. mother	13. сестра́	13. sister
5. дя́дя	5. uncle	14. дочь	14. daughter
6. тётя	6. aunt		
7. сын	7. son		
8. внук	8. grandson		
9. вну́чка	9. granddaughter		

Additional Notes

Part 2

City
(Stores, Transportation)

Го́род
(магази́ны, тра́нспорт)

Restaurant

Expressions and Additional Vocabulary

ходи́ть/идти́ в рестора́н	to go to a restaurant
посмотре́ть меню́	to have a look at the menu
зака́зывать/заказа́ть (обе́д, у́жин)	to order (lunch, supper)
официа́нт/официа́нтка	waiter/waitress
проси́ть/попроси́ть	to ask
(официа́нта/официа́нтку)	(waiter, waitress)
есть/съесть (обе́д, у́жин)	to eat (lunch, supper)
пить/вы́пить (сок, во́ду, чай, ко́фе)	to drink (juice, water, tea, coffee)
налива́ть/нали́ть (сок, во́ду, чай, ко́фе)	to pour (juice, water, tea, coffee)
плати́ть/заплати́ть (за обе́д, за у́жин)	to pay (for lunch, supper)
брать/взять (ви́лку, нож, ло́жку)	to pick up/use (fork, knife, spoon)
про́бовать/попро́бовать	to try, to sample
ре́зать/наре́зать (мя́со, о́вощи)	to cut, slice (meat, vegetables)
Принеси́те, пожа́луйста, . . .	Please bring . . .
Посчита́йте, пожа́луйста!	The bill (check), please!
(Бу́дьте добры́), счёт, пожа́луйста!	(Be so kind) the bill, please!
Ско́лько с нас (с меня́)?	What do we (I) owe?
заку́ски	appetizers
пе́рвое (блю́до)	first course
второ́е (блю́до)	second (main) course
десе́рт	dessert
напи́тки	drinks
чаевы́е (дава́ть «на чай»)	tip, gratuity (give a tip)
се́рвис (обслу́живание)	service

Questions

1. Вы ча́сто хо́дите в рестора́н, в кафе́ и́ли в столо́вую?
2. Что вы обы́чно зака́зываете на обе́д в рестора́не и́ли в кафе́?
3. Что вы лю́бите пить в рестора́не и́ли в кафе́?
4. Ско́лько вы обы́чно пла́тите за обе́д в рестора́не и́ли в столо́вой?
5. Что вы обы́чно зака́зываете на десе́рт в рестора́не и́ли в кафе́?
6. Что вы лю́бите есть на пе́рвое? На второ́е?
7. Ско́лько вы обы́чно даёте официа́нту на чай?
8. Како́й ваш люби́мый рестора́н?
9. Расскажи́те, как вы ходи́ли с дру́гом в рестора́н!

Рестора́н, кафе́, столо́вая

РЕСТОРАН

МЕНЮ

Пе́рвые блю́да . . .
Вторы́е блю́да . . .
Напи́тки . . .
Сала́ты . . .
Десе́рт . . .

1. вода́	1. water
2. фуже́р / рю́мка	2. wine glass
3. ча́шка ча́я	3. cup of tea
4. хлеб	4. bread
5. салфе́тка	5. napkin
6. пе́рвое блю́до (суп)	6. first course (soup)
7. второ́е блю́до (ку́рица, мя́со или ры́ба с гарни́ром)	7. second course (chicken, meat or fish with vegetables, rice or macaroni)
8. сала́т	8. salad
9. ви́лка	9. fork
10. ло́жка	10. spoon
11. нож	11. knife

Bakery

Expressions and Additional Vocabulary

ходи́ть/идти́ в магази́н (за хле́бом)	to stop by the store
покупа́ть/купи́ть	to buy
выбира́ть/вы́брать	to select
(бу́лочку, бу́блик, бато́н)	(bun, bagel, stick loaf)
брать/взять	to take
(сухари́, кекс, су́шки)	(rusks, muffin, pretzels)
плати́ть/заплати́ть	to pay
(за хлеб, бу́лку, бато́н)	(for bread, loaf, long loaf)
выбива́ть/вы́бить чек	to produce a receipt on the register
класть/положи́ть	to put
(хлеб в су́мку)	(bread into your bag)
буха́нка	loaf
карава́й	round loaf

Questions

1. Кто у вас обы́чно хо́дит в бу́лочную за хле́бом?
2. Како́й хлеб вы предпочита́ете, чёрный или бе́лый?
3. Вы когда́-нибу́дь* про́бовали сухари́?
4. Вы когда́-нибу́дь* про́бовали бу́блики?
5. Где нахо́дится ближа́йшая* бу́лочная?
6. Ско́лько у вас сто́ит буха́нка хле́ба?
7. Ско́лько сто́ит буха́нка (чёрного и́ли бе́лого) хле́ба в Росси́и?
8. Вы мо́жете назва́ть изде́лия*, кото́рые продаю́тся в бу́лочной?
9. Ско́лько бу́лочных в Дивногра́де?
10. На каки́х у́лицах нахо́дятся эти бу́лочные?

* когда́-нибу́дь ever, at any time
  ближа́йший nearest, closest
  изде́лие (я) good(s)

Хле́бный магази́н

(бу́лочная)

1. хлеб	1. bread
2. бато́н	2. (stick, oval) bread
3. бу́лка	3. loaf (white bread)
4. кру́глый хлеб	4. round loaf
5. бу́блик (и)	5. bagel
6. бу́лочка	6. bun
7. суха́рь (й)	7. dry bread (rusks)
8. пече́нье	8. cookies
9. кекс	9. muffin
10. су́шка (и)	10. round rusks

Pastry Store

Expressions and Additional Vocabulary

печь/испе́чь торт	to bake a cake
выбира́ть/вы́брать	to select
(торт, пиро́жные, пече́нье)	(cake, pastries, cookies)
плати́ть/заплати́ть	to pay
(за торт, за пиро́жные, за кекс)	(for a cake, pastries, muffins)
выбива́ть/вы́бить чек	to produce a receipt on the register
класть/положи́ть	to put
(торт в коро́бку)	(a cake in a box)
угоща́ть/угости́ть (кого́-ли́бо)	to treat (someone)
(то́ртом, ке́ксом, пече́ньем)	(with cake, muffin, cookies)
. . . на день рожде́ния	. . . for (someone's) birthday
. . . на пра́здник	. . . for a holiday
сладкое́жка	to have a sweet tooth

Questions

1. Вы лю́бите пиро́жные и то́рты?
2. Вы сладкое́жка?
3. Что вы предпочита́ете, то́рты или пиро́жные?
4. Кто у вас обы́чно захо́дит в конди́терскую за пиро́жными?
5. Где ближа́йшая* конди́терская?
6. Ско́лько у вас обы́чно сто́ит торт?
7. Вы са́ми уме́ете печь торт, пиро́жные или пече́нье?
8. Чем вы обы́чно угоща́ете госте́й?
9. Что вы покупа́ете на день рожде́ния, то́рты и́ли пиро́жные?
10. Вы мо́жете назва́ть изде́лия*, кото́рые продаю́тся в конди́терской?
11. Ско́лько конди́терских в го́роде Дивногра́де?
12. На каки́х у́лицах нахо́дятся эти конди́терские?

* когда́-нибу́дь   ever, at any time
  ближа́йший   nearest, closest
  изде́лие (я) good(s)

Тóрты и пирóжные

1. конди́терская	1. pastry store
2. кекс	2. muffin
3. торт	3. (layer) cake
4. пирóжное	4. pastry (square)
5. бýлочка с крéмом	5. cream-filled bun
6. печéнье	6. cookie (long)
7. эклéр	7. eclair
8. (крýглое) печéнье	8. (round) cookies

Dairy Store

Expressions and Additional Vocabulary

продава́ть/прода́ть (моло́чные проду́кты)	to sell (dairy products)
покупа́ть/купи́ть (моло́чные проду́кты)	to buy (dairy products)
выбира́ть/вы́брать (моло́чные проду́кты)	to select (dairy products)
плати́ть/заплати́ть в ка́ссе	to pay at the cash register
взве́шивать/взве́сить	to weigh
Взве́сьте две́сти гра́ммов ма́сла.	Weigh out 200 grams of butter.
Ско́лько сто́ит килогра́мм ма́сла?	How much is a kilogram of butter?
килогра́мм (полкилогра́мма)	kilogram (half a kilogram)
сто гра́мм[ов], две́сти гра́мм[ов]*	100 grams, 200 grams
выбива́ть/вы́бить чек в ка́ссе	to produce a receipt on the cash register
пить/вы́пить (молоко́, кефи́р)	to drink (milk, yoghurt)
нама́зывать/нама́зать (хлеб ма́слом)	to spread (bread with butter)
де́лать/сде́лать запека́нку из тво́рога	to make a cheese cake
заправля́ть/запра́вить (сала́т смета́ной)	to season (salad with sour cream)
ре́зать/поре́зать (сыр на кусо́чки)	to cut (cheese into pieces)
налива́ть/нали́ть (молоко́, кефи́р)	to pour (milk, yoghurt)

* grammatically correct form ends in –ов, but in colloquial speech the –ов is dropped.

Questions

1. Кто у вас обы́чно хо́дит в моло́чную за молоко́м?
2. Ско́лько у вас сто́ит литр молока́?
3. Ско́лько сто́ит литр молока́ в Росси́и?
4. Ско́лько у вас сто́ит килогра́мм ма́сла?
5. Ско́лько сто́ит килогра́мм ма́сла в Росси́и?
6. Вы когда́-нибу́дь** про́бовали кефи́р?
7. Вы когда́-нибу́дь** про́бовали тво́рог?
7. Вы лю́бите сыр?
8. Ско́лько у вас сто́ит килогра́мм сы́ра?
9. Ско́лько сто́ит килогра́мм сы́ра в Росси́и?
9. Где ближа́йшая** моло́чная?
10. На каки́х у́лицах в Дивногра́де нахо́дятся магази́ны, где продаю́т моло́чные проду́кты?

** когда́-нибу́дь   ever, at any time
   ближа́йший   nearest, closest

Молоко́

1. моло́чные продукты	1. dairy products
2. кефи́р	2. yoghurt/buttermilk
3. ма́сло	3. butter
4. молоко́	4. milk
5. тво́рог	5. cottage cheese
6. смета́на	6. sour cream
7. сыр	7. cheese

Supermarket

Expressions and Additional Vocabulary

продава́ть/прода́ть проду́кты	to sell
покупа́ть/купи́ть проду́кты	to buy
пить/вы́пить (молоко́, сок, чай, кóфе, минера́льную во́ду)	to drink (milk, juice, tea, coffee, mineral water)
есть/съесть (соси́ски, колбасу́)	to eat (wieners, sausage)
вари́ть/свари́ть макаро́ны	to boil spaghetti
открыва́ть/откры́ть ба́нку, консе́рвы	to open tin/jar, canned goods
плати́ть/заплати́ть в ка́ссе	to pay at the cash register
выбива́ть/вы́бить чек в ка́ссе	to produce a receipt at the register
класть/положи́ть поку́пки в су́мку	to put (your) purchases in your bag
взве́шивать/взве́сить	to weigh
Взве́сьте килогра́мм мя́са!	Weigh out a kilogram of meat.
Ско́лько сто́ит килогра́мм мя́са?	How much is a kilogram of meat?
килогра́мм (полкилогра́мма)	kilogram (half a kilogram)
сто гра́мм[ов], две́сти гра́мм[ов]*	100 grams, 200 grams

* grammatically correct form ends in –ов, but in colloquial speech the –ов is dropped.

Questions

1. Кто у вас обы́чно хо́дит в гастроно́м за проду́ктами?
2. Ско́лько у вас сто́ит килогра́мм мя́са (говя́дины и́ли свини́ны**)?
3. Ско́лько сто́ит килогра́мм мя́са (говя́дины и́ли свини́ны**) в Росси́и?
4. Ско́лько у вас сто́ит килогра́мм ры́бы?
5. Ско́лько сто́ит килогра́мм ры́бы в Росси́и?
6. Ско́лько у вас сто́ит килогра́мм колбасы́?
7. Ско́лько сто́ит килогра́мм колбасы́ в Росси́и?
8. Ско́лько у вас сто́ит килогра́мм ко́фе?
9. Ско́лько сто́ит килогра́мм ко́фе в Росси́и?
10. Где вы должны́ плати́ть за свои́ поку́пки?
11. Вы мо́жете назва́ть проду́кты, кото́рые продаю́тся в гастроно́ме?
12. Ско́лько гастроно́мов нахо́дится в го́роде Дивногра́де?
13. На каки́х у́лицах нахо́дятся эти гастроно́мы?
    * говя́дина beef,   свини́на pork

Продово́льственный магази́н

1. гастроно́м (универса́м)	1. food store (supermarket)	11. ма́сло	11. butter
2. мя́со	2. meat	12. конфе́та (ы)	12. candy (ies)
3. копчёная колбаса́	3. smoked sausage	13. шокола́д	13. chocolate
4. варёная колбаса́	4. boiled sausage	14. рис	14. rice
5. соси́ска (и)	5. wiener(s)	15. молоко́	15. milk
6. ку́рица	6. chicken	16. подсо́лнечное ма́сло	16. sunflower oil
7. ры́ба	7. fish	17. сок (и)	17. juice
8. сыр	8. cheese	18. вино́ (а)	18. wine(s)
9. макаро́ны	9. pasta	19. варе́нье	19. jam
10. консе́рвы	10. tinned goods	20. ко́фе	20. coffee
		21. чай	21. tea

Kiosk

Expressions and Additional Vocabulary

продава́ть/прода́ть (сувени́ры)	to sell (souvenirs)
покупа́ть/купи́ть (сувени́ры)	to buy (souvenirs)
ве́шать/пове́сить	to hang up (*trans.*)
(плака́т, календа́рь)	(poster, calendar)

Questions

1. Вы ча́сто покупа́ете газе́ты и́ли журна́лы? Каки́е?
2. Где мо́жно купи́ть газе́ты и́ли журна́лы в Росси́и?
3. Ско́лько у вас сто́ят газе́ты?
4. Ско́лько сто́ят газе́ты в Росси́и?
5. Ско́лько у вас сто́ят журна́лы?
6. Ско́лько сто́ят журна́лы в Росси́и?
7. Ско́лько у вас сто́ит конве́рт?
8. Ско́лько сто́ит конве́рт в Росси́и?
9. Ско́лько у вас сто́ит ру́чка?
10. Ско́лько сто́ит ручка в Росси́и?
11. Ско́лько у вас сто́ит каранда́ш?
12. Ско́лько сто́ит каранда́ш в Росси́и?
13. Вы мо́жете назва́ть ве́щи, кото́рые продаю́тся в кио́ске?
14. Ско́лько кио́сков в Дивногра́де?
15. На каки́х у́лицах нахо́дятся эти кио́ски?

Кио́ск

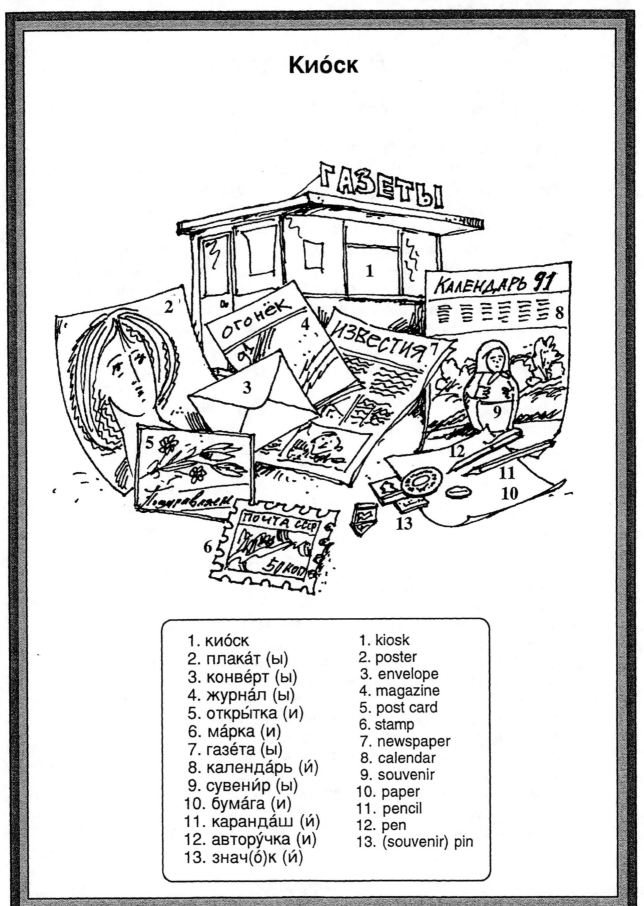

1. кио́ск	1. kiosk
2. плака́т (ы)	2. poster
3. конве́рт (ы)	3. envelope
4. журна́л (ы)	4. magazine
5. откры́тка (и)	5. post card
6. ма́рка (и)	6. stamp
7. газе́та (ы)	7. newspaper
8. календа́рь (й)	8. calendar
9. сувени́р (ы)	9. souvenir
10. бума́га (и)	10. paper
11. каранда́ш (й)	11. pencil
12. авто́ру́чка (и)	12. pen
13. знач(о́)к (й)	13. (souvenir) pin

Fruit and Vegetables

Expressions and Additional Vocabulary

продава́ть/прода́ть фру́кты, о́вощи	to sell fruit, vegetables
покупа́ть/купи́ть фру́кты, о́вощи	to buy fruit, vegetables
ры́нок (на ры́нке)	market (at the market)
колхо́зный ры́нок	farmer's market
выра́щивать/вы́растить о́вощи, фру́кты	to grow vegetables, fruit
сажа́ть/посади́ть карто́фель, зе́лень	to plant potatoes, greens
есть/съесть арбу́з, ды́ню	to eat a water melon, musk melon
маринова́ть/замаринова́ть помидо́ры	to can (marinate) tomatoes
соли́ть/засоли́ть помидо́ры, огурцы́	to can (salt) pickles
вари́ть/свари́ть варе́нье	to make (boil) jam
копа́ть/вы́копать карто́фель	to dig up potatoes
собира́ть/собра́ть ви́шни, я́блоки	to pick cherries, apples
клубни́ка	strawberries
земляни́ка	wild strawberries
мали́на	raspberries
(кра́сная, чёрная) сморо́дина	(red, black) currants
я́года (ы)	berry (ies)
огоро́д	vegetable garden

Questions

1. Каки́е о́вощи вы лю́бите?
2. Каки́е фру́кты вы лю́бите?
3. Вы са́ми собира́ете я́годы?
4. Где вы обы́чно покупа́ете о́вощи и фру́кты, на ры́нке и́ли в магази́не?
5. Ско́лько у вас сто́ит килогра́мм карто́феля?
6. Ско́лько сто́ит килогра́мм карто́феля в Росси́и?
7. Ско́лько у вас сто́ит килогра́мм огурцо́в?
8. Ско́лько сто́ит килогра́мм огурцо́в в Росси́и?
9. Ско́лько у вас сто́ит килогра́мм я́блок?
10. Ско́лько сто́ит килогра́мм я́блок в Росси́и?
11. Ско́лько у вас сто́ит килогра́мм помидо́ров?
12. Ско́лько сто́ит килогра́мм помидо́ров в Росси́и?
13. У вас до́ма есть огоро́д?
14. Вы до́ма са́ми выра́щиваете фру́кты или о́вощи?

Овощно́й магази́н

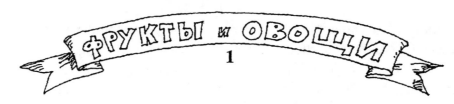

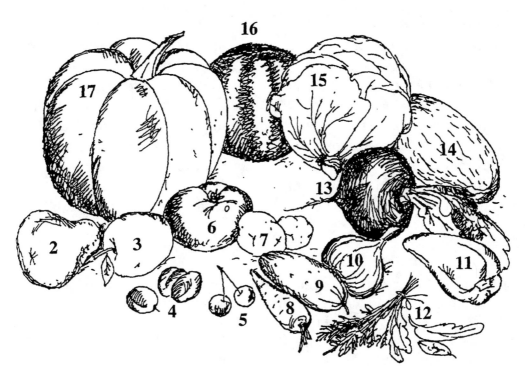

1. фру́кты и о́вощи	1. fruit and vegetables	9. огур(е́)ц (ы́)	9. cucumber(s)
2. гру́ша (и)	2. pear(s)	10. лук	10. onion
3. я́блоко (и)	3. apple(s)	11. пе́рец	11. pepper
4. сли́ва (ы)	4. plum(s)	12. зе́лень	12. herbs
5. ви́шня (и)	5. cherry (ies)	13. свёкла	13. beet(s)
6. помидо́р (ы)	6. tomato(es)	14. ды́ня (и)	14. melon
7. карто́фель	7. potato(es)	15. капу́ста	15. cabbage
8. морко́вь	8. carrot(s)	16. арбу́з (ы)	16. watermelon
		17. ты́ква (ы)	17. pumpkin

Department Store
(Women's Clothing)

Expressions and Additional Vocabulary

ходи́ть/идти́ в универма́г	to go to the department store
смотре́ть/посмотре́ть това́ры	to look at the goods
выбира́ть/вы́брать поку́пки	to select (your) purchases
примеря́ть/приме́рить (ту́фли, ю́бку)	to try for size (shoes, skirt)
узнава́ть/узна́ть разме́р	to find out the size
заходи́ть/зайти́ в обувно́й отде́л	to stop by the shoe department
заходи́ть/зайти́ в отде́л «Же́нская оде́жда»	to stop by the "Women's Wear" department
спра́шивать/спроси́ть продавщи́цу (о цене́, о разме́ре, о цве́те)	to ask the salesperson (about the price, size, colour)
упако́вывать/упакова́ть поку́пку	to pack up (your) purchase
завора́чивать/заверну́ть поку́пку в бума́гу	to wrap up (your) purchase in paper
плати́ть/заплати́ть (за поку́пку)	to pay (for your purchase)
выбива́ть/вы́бить чек в ка́ссе	to get a receipt at the cash register

Questions

1. За́втра бу́дет день рожде́ния ва́шей жены́ или подру́ги. Что вы собира́етесь ей купи́ть на день рожде́ния?
2. Ско́лько у вас сто́ят колго́тки?
3. Ско́лько сто́ят колго́тки в Росси́и?
4. Ско́лько у вас сто́ят же́нские ту́фли?
5. Ско́лько сто́ят же́нские ту́фли в Росси́и?
6. Ско́лько у вас сто́ит ю́бка?
7. Ско́лько сто́ит ю́бка в Росси́и?
8. Како́й у вас разме́р ту́фель?
9. Како́й у вас разме́р ку́ртки?
11. Где на́до плати́ть за поку́пку в универма́ге?
12. Вы мо́жете назва́ть ве́щи, кото́рые продаю́тся в отде́ле «Же́нская оде́жда» в универма́ге?
13. Ско́лько универма́гов в го́роде Дивногра́де?
14. На каки́х у́лицах нахо́дятся эти универма́ги?
15. Соста́вьте диало́г с продавцо́м при поку́пке.

Универма́г
(Универса́льный магази́н)

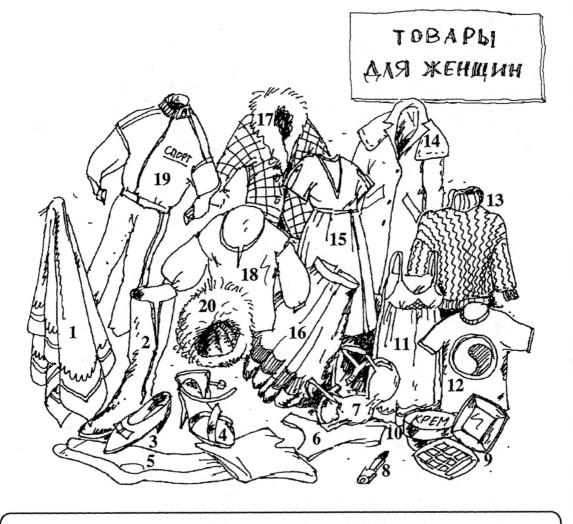

ТОВАРЫ
ДЛЯ ЖЕНЩИН

1. плато́к	1. scarf	11. комбина́ция	11. slip
2. сапоги́	2. boots	12. футбо́лка	12. T-shirt
3. ту́фли	3. shoes	13. сви́тер	13. sweater
4. босоно́жки	4. sandals	14. плащ	14. raincoat
5. колго́тки	5. panty hose	15. пла́тье	15. dress
6. трусы́	6. panties	16. ю́бка	16. skirt
7. бюстга́льтер	7. brassiere	17. зи́мнее пальто́	17. winter coat
8. губна́я пома́да	8. lipstick	18. блу́зка	18. blouse
9. те́ни	9. eye shadow	19. спорти́вный	19. track
10. крем	10. cream	костю́м	suit
		20. ша́пка	20. hat

Department Store
(Men's Clothing)

Expressions and Additional Vocabulary

ходи́ть/идти́ в универма́г	to go to the department store
рассма́тривать/рассмотре́ть витри́ны	to examine the (store) windows
смотре́ть/посмотре́ть това́ры	to look at the goods
выбира́ть/вы́брать поку́пки	to select (your) purchases
примеря́ть/приме́рить (ту́фли, костю́м)	to try for size (shoes, suit)
узнава́ть/узна́ть разме́р	to find out the size
заходи́ть/зайти́ в обувно́й отде́л	to stop by the shoe department
заходи́ть/зайти́ в отде́л «Мужска́я оде́жда»	to stop by the "Men's Wear" department
спра́шивать/спроси́ть продавщи́цу (о цене́, о разме́ре, о цве́те)	to ask the salesperson (about the price, size, colour)
упако́вывать/упакова́ть поку́пку	to pack up (your) purchase
завора́чивать/заверну́ть поку́пку в бума́гу	to wrap up (your) purchase in paper
плати́ть/заплати́ть (за поку́пку)	to pay (for your purchase)
выбива́ть/вы́бить чек в ка́ссе	to get a receipt at the cash register

Questions

1. За́втра бу́дет день рожде́ния ва́шего му́жа или дру́га. Что вы собира́етесь ему́ купи́ть на день рожде́ния?
2. Ско́лько у вас сто́ит бе́лая руба́шка?
3. Ско́лько сто́ит бе́лая руба́шка в Росси́и?
4. Ско́лько у вас стоя́т мужски́е ту́фли?
5. Ско́лько стоя́т мужски́е ту́фли в Росси́и?
6. Ско́лько у вас стоя́т джи́нсы?
7. Ско́лько стоя́т джи́нсы в Росси́и?
8. Како́й у вас разме́р ту́фель?
9. Како́й у вас разме́р руба́шки?
11. Где на́до плати́ть за поку́пку в универма́ге?
12. Вы мо́жете назва́ть ве́щи, кото́рые продаю́тся в отде́ле «Мужска́я оде́жда» в универма́ге?
13. Соста́вьте диало́г с продавцо́м при поку́пке.

Универма́г
(Универса́льный магази́н)

ТОВАРЫ ДЛЯ МУЖЧИН

1. зо́нт/зо́нтик	1. umbrella	10. носово́й плато́к	10. handkerchief
2. сапо́г (й)	2. boot(s)	11. ку́ртка	11. jacket
3. кроссо́вка (и)	3. running shoe(s)	12. трусы́	12. underwear
4. ту́фля (и)	4. shoe(s)	13. ма́йка	13. undershirt
5. нос(о́)к (й)	5. sock(s)	14. руба́шка	14. shirt
6. реме́нь	6. belt	15. пиджа́к	15. sportscoat
7. перча́тка (и)	7. glove(s)	16. пальто́	16. coat
8. ша́пка	8. hat	17. брю́ки	17. trousers
9. га́лстук	9. tie		

Department Store
(Electric Appliances)

Expressions and Additional Vocabulary

ходи́ть/идти́ в универма́г	to go to the department store
смотре́ть/посмотре́ть това́ры	to look at the goods
выбира́ть/вы́брать поку́пки	to select (your) purchases
спра́шивать/спроси́ть продавщи́цу (о цене́, о разме́ре, о цве́те)	to ask the salesperson (about the price, size, colour)
упако́вывать/упакова́ть поку́пку	to pack up (your) purchase
завора́чивать/заверну́ть поку́пку в бума́гу	to wrap up (your) purchase in paper
плати́ть/заплати́ть (за поку́пку)	to pay (for your purchase)
выбива́ть/вы́бить чек в ка́ссе	to get a receipt at the cash register
включа́ть/включи́ть (бри́тву, фен, кипяти́льник, телеви́зор)	to turn on (shaver, hair dryer, heating iron, television)
выключа́ть/вы́ключить (бри́тву, фен)	to turn off (shaver, hair dryer)
бри́ться/побри́ться	to shave
суши́ть/вы́сушить фе́ном во́лосы	to dry (your) hair with a hair dryer
чи́стить/вы́чистить пылесо́сом ковёр	to clean the carpet with the vacuum cleaner

Questions

1. За́втра бу́дет день рожде́ния ва́шей жены́ (подру́ги) и́ли ва́шего му́жа (дру́га). Что вы собира́етесь ей (ему́) купи́ть на день рожде́ния?
2. Ско́лько у вас сто́ит телеви́зор?
3. Ско́лько сто́ит телеви́зор в Росси́и?
4. Ско́лько у вас сто́ит фен?
5. Ско́лько сто́ит фен в Росси́и?
6. Ско́лько у вас сто́ит видеомагнитофо́н?
7. Ско́лько сто́ит видеомагнитофо́н в Росси́и?
8. Кто у вас до́ма чи́стит ковры́ пылесо́сом?
9. Где на́до плати́ть за поку́пку в универма́ге?
10. Вы мо́жете назва́ть ве́щи, кото́рые продаю́тся в отде́ле «Электротова́ры» в универма́ге?
11. Опиши́те, как вы ходи́ли в магази́н за поку́пками.

Универма́г

(Универса́льный магази́н)

1. пылесо́с	1. vacuum cleaner
2. электробри́тва	2. electric razor
3. кипяти́льник	3. heating iron
4. ла́мпочка	4. bulb
5. утю́г	5. iron
6. ви́дик	6. VCR
7. прои́грыватель	7. record player
8. радиоприёмник	8. radio
9. магнитофо́н	9. cassette recorder
10. телеви́зор	10. television
11. нау́шники	11. headphones
12. фен	12. hair dryer

Department Store
(Housewares)

Expressions and Additional Vocabulary

смотре́ть/посмотре́ть това́ры	to look at the goods
выбира́ть/вы́брать поку́пки	to select (your) purchases
спра́шивать/спроси́ть продавщи́цу	to ask the salesperson
(о цене́, о разме́ре, о цве́те)	(about the price, size, colour)
упако́вывать/упакова́ть поку́пку	to pack up (your) purchase
завора́чивать/заверну́ть поку́пку	to wrap up (your) purchase
в бума́гу	in paper
плати́ть/заплати́ть (за поку́пку)	to pay (for your purchase)
выбива́ть/вы́бить чек в ка́ссе	to get a receipt at the cash register
жа́рить/поджа́рить мя́со на сковоро́дке	to fry meat in the frying pan
ста́вить/поста́вить ча́йник на плиту́	to put the kettle on the stove
кипяти́ть/вскипяти́ть во́ду	to boil water
(в кастрю́ле, в ча́йнике)	(in a pot, in a kettle)
налива́ть/нали́ть во́ду в стака́н	to pour water into a glass
зава́ривать/завари́ть чай в ча́йнике	to make (boil) tea in the teapot
класть/положи́ть еду́ на таре́лку	to put food on the plate
ре́зать/наре́зать хлеб ножо́м	to cut the bread with a knife

Questions

1. За́втра бу́дет день рожде́ния ва́шей жены́ (подру́ги) и́ли ва́шего му́жа (дру́га). Что вы собира́етесь ей (ему́) пригото́вить на день рожде́ния?
2. На чём мо́жно жа́рить мя́со?
3. В чём мо́жно свари́ть суп?
4. В чём мо́жно вскипяти́ть во́ду?
5. Из чего́ мо́жно пить чай?
6. В чём мо́жно зава́ривать чай?
7. Куда́ обы́чно кладу́т гото́вую еду́?
8. Кто у вас до́ма мо́ет посу́ду?
9. Где на́до плати́ть за поку́пку в универма́ге?
10. Вы мо́жете назва́ть ве́щи, кото́рые продаю́тся в отде́ле «Посу́да» в универма́ге?

Универма́г
(Универса́льный магази́н)

ПОСУДА

1. нож	1. knife	8. сковоро́дка	8. frying pan
2. ча́йная ло́жка	2. teaspoon	9. стака́н	9. glass
3. столо́вая ло́жка	3. tablespoon	10. ча́йник	10. teapot
4. ви́лка	4. fork	(для зава́рки)	
5. таре́лка	5. plate	11. ча́шка	11. cup
6. кастрю́ля	6. pot	12. блю́дце	12. saucer
7. ведро́	7. bucket, pail	13. ча́йник	13. kettle

Drugstore

Expressions and Additional Vocabulary

продава́ть/прода́ть (лека́рства)	to sell (medicines)
покупа́ть/купи́ть (лека́рства)	to buy (medicines)
выпи́сывать/вы́писать (реце́пт)	to write out a presciption
зака́зывать/заказа́ть (лека́рство)	to order (medicine)
принима́ть/приня́ть (лека́рство)	to take (medicine)
пить/вы́пить лека́рство	to drink (medicine)
бинтова́ть/забинтова́ть (ру́ку, ра́ну, но́гу, го́лову, па́лец би́нтом)	to bandage (hand, wound, foot, head, finger with bandage)
сма́зывать/сма́зать (ра́ну йо́дом, ма́зью)	to spread, cover (wound with iodine, ointment)
кле́ить/накле́ить пла́стырь	to stick a band-aid
глота́ть/проглоти́ть табле́тку	to swallow a pill
полоска́ть/прополоска́ть го́рло	to gargle, rinse throat
У меня́ боли́т голова́ (зуб, рука́, нога́, у́хо, живо́т, спина́).	My head (toothe, hand, foot, ear, stomach, back) hurts.
У меня́ грипп (на́сморк, температу́ра).	I have the 'flu (a cold, temperature).

Questions

1. Вы ча́сто хо́дите в апте́ку за лека́рством?
2. За чем вы обы́чно захо́дите в апте́ку?
3. Вы ча́сто боле́ете?
4. Вы ча́сто принима́ете лека́рство? Како́е?
5. Чем вы ча́сто боле́ете?
6. Что вы обы́чно де́лаете, когда́ у вас боли́т голова́?
7. Что вы обы́чно де́лаете, когда́ у вас грипп?
8. Что вы обы́чно де́лаете, е́сли вы поре́зали себе́ па́лец?
9. Вы мо́жете назва́ть ве́щи, кото́рые продаю́тся в апте́ке?
10. Ско́лько апте́к в го́роде Дивногра́де?
11. На каки́х у́лицах нахо́дятся апте́ки?

Лека́рства

1. апте́ка
2. реце́пт
3. йод
4. миксту́ра
5. табле́тки
6. бинт
7. мазь
8. пла́стырь
9. ва́та
10. лека́рство (a)

1. drugstore
2. prescription
3. iodine
4. liquid medicine
5. tablets
6. bandage
7. ointment
8. plaster, band-aid
9. cotton batting
10. medicine(s)

Public Transportation

Expressions and Additional Vocabulary

покупа́ть/купи́ть (тало́ны)	to buy (coupons)
входи́ть/войти́ (в трамва́й, в авто́бус, в тролле́йбус)	to get on (streetcar, bus, trolleybus)
сади́ться/сесть (в трамва́й, в авто́бус, в тролле́йбус)	to take, get on (streetcar, bus, trolleybus)
компости́ровать/прокомпости́ровать (тало́н)	to punch (the coupon)
обраща́ться/обрати́ться (к води́телю)	to address, apply (to the driver)
занима́ть/заня́ть ме́сто	to take, occupy (a place)
опла́чивать/оплати́ть (прое́зд)	to pay for (trip)
проверя́ть/прове́рить (тало́н, биле́т)	to check, verify (coupon, ticket)
выходи́ть/вы́йти (из трамва́я, из авто́буса, из тролле́йбуса)	to get off (the streetcar, bus, trolleybus)
доезжа́ть/дое́хать (до остано́вки . . .)	to go as far as (the . . . stop)
води́тель (тролле́йбуса, трамва́я)	driver/conductor (trolley, streetcar)
шофёр (такси́, авто́буса)	driver (taxi, bus)
Како́й но́мер трамва́я дохо́дит до . . .	Which streetcar goes as far as . . .

Questions

1. Каки́м ви́дом тра́нспорта вы обы́чно по́льзуетесь?
2. Где у вас мо́жно купи́ть тало́ны на авто́бус, трамва́й или тролле́йбус?
3. Где можно купи́ть тало́ны на авто́бус, трамва́й или тролле́йбус в Росси́и?
4. Ско́лько у вас сто́ит прое́зд на авто́бусе?
5. Ско́лько сто́ит прое́зд на авто́бусе в Росси́и?
6. Ско́лько у вас сто́ит прое́зд на тролле́йбусе?
7. Ско́лько сто́ит прое́зд на тролле́йбусе в Росси́и?
8. Ско́лько у вас сто́ит прое́зд на трамва́е?
9. Ско́лько сто́ит прое́зд на трамва́е в Росси́и?
10. Ско́лько у вас сто́ит прое́зд на метро́?
11. Ско́лько сто́ит прое́зд на метро́ в Росси́и?
12. Ско́лько ви́дов тра́нспорта в Дивногра́де?
13. Како́й но́мер тролле́йбуса дохо́дит до теа́тра?
14. Како́й но́мер авто́буса дохо́дит до университе́та?
15. Како́й но́мер трамва́я дохо́дит до вокза́ла?

Городско́й тра́нспорт

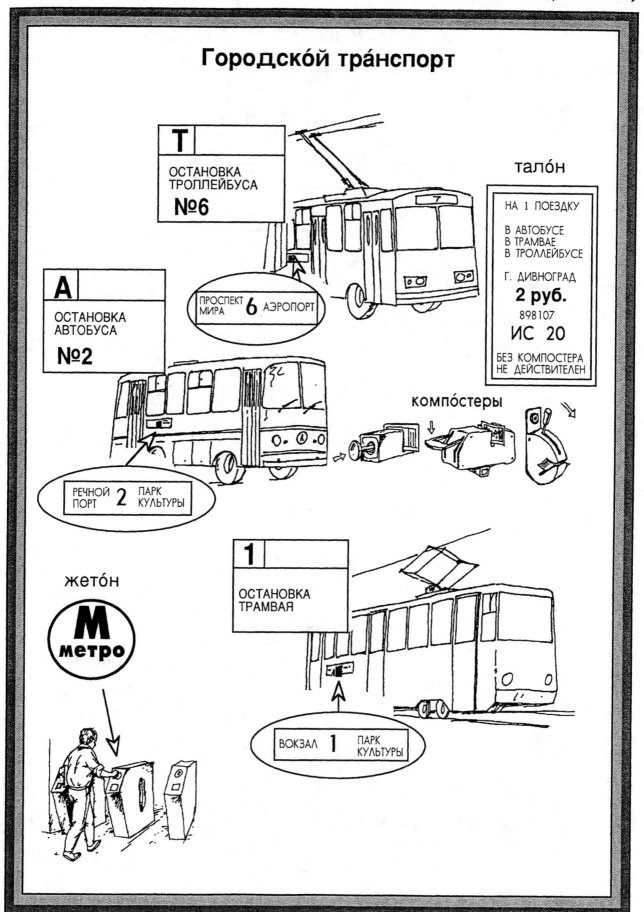

T

ОСТАНОВКА
ТРОЛЛЕЙБУСА
№6

тало́н

НА 1 ПОЕЗДКУ

В АВТОБУСЕ
В ТРАМВАЕ
В ТРОЛЛЕЙБУСЕ

Г. ДИВНОГРАД
2 руб.
898107
ИС 20

БЕЗ КОМПОСТЕРА
НЕ ДЕЙСТВИТЕЛЕН

A

ОСТАНОВКА
АВТОБУСА
№2

ПРОСПЕКТ
МИРА **6** АЭРОПОРТ

компо́стеры

РЕЧНОЙ
ПОРТ **2** ПАРК
КУЛЬТУРЫ

жето́н

M
метро

1

ОСТАНОВКА
ТРАМВАЯ

ВОКЗАЛ **1** ПАРК
КУЛЬТУРЫ

Addressing a Letter in Russia

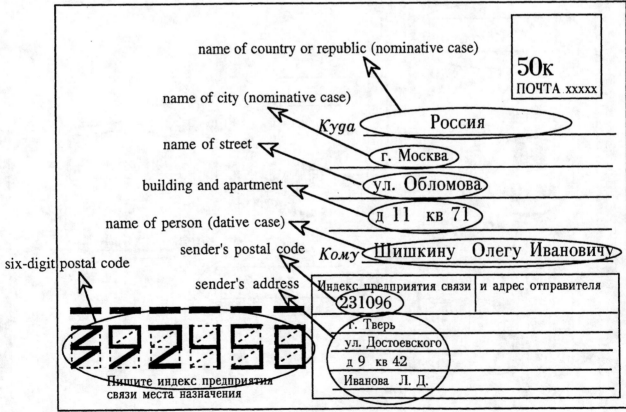

Part 3

The Inhabitants of Divnograd

(Дивногра́дцы)

Анке́та

1.	Фами́лия:	Алапа́ев
2.	Имя, о́тчество:	Васи́лий Ива́нович
3.	Национа́льность:	ру́сский
4.	Ме́сто и да́та рожде́ния:	Москва́, 5.7.1951
5.	Семе́йное положе́ние:	жена́т, нет дете́й
6.	Ме́сто прожива́ния (го́род):	Дивногра́д
7.	Адрес:	у́лица Чайко́вского, дом 3, кв. 21
8.	Телефо́н:	462-76-45
9.	Жили́щные усло́вия:	двухко́мнатная кварти́ра
10.	Профе́ссия (до́лжность):	тре́нер
11.	Ме́сто рабо́ты:	спорти́вный ко́мплекс
12.	Зарпла́та:	74.000 рубле́й в ме́сяц (01.09.93)
13.	Образова́ние:	вы́сшее, Институ́т физкульту́ры
14.	Каки́е языки́ зна́ет:	ру́сский
15.	Кино́:	истори́ческие фи́льмы
16.	Телеви́дение:	смо́трит переда́чи о спо́рте
17.	Спорт:	тяжёлая атле́тика
18.	Му́зыка:	не слу́шает
19.	Люби́мая литерату́ра:	газе́та «Спорт»
20.	Други́е интере́сы:	игра́ет в «Спортлото́»
21.	Во́зраст:	
22.	Вес, рост:	85 кг., 165 см.
23.	Цвет воло́с:	тёмные во́лосы
24.	Цвет глаз:	све́тлые глаза́
25.	Хара́ктер:	самоуве́ренный
26.	Люби́мая оде́жда:	спорти́вный костю́м
27.	Люби́мая еда́ и напи́тки:	мя́со, борщ, чай
28.	Заве́тное жела́ние:	подгото́вить олимпи́йского чемпио́на
29.	Распоря́док дня:	Встаёт в 7 часо́в утра́. Бе́гает 5 киломе́тров. Пьёт чай. Ест хлеб с колбасо́й. Ездит на рабо́ту на метро́. Рабо́ту начина́ет в 9:30. Обе́дает в буфе́те в спорти́вном ко́мплексе. Конча́ет рабо́ту в 5:30 ве́чера. Ве́чером чита́ет спорти́вные журна́лы и газе́ты. Ложи́тся спать в 11:00 часо́в ве́чера.

Приезжа́йте ко мне в го́сти! Сади́тесь на 1-й трамва́й. Доезжа́йте до у́лицы Толсто́го. Мой дом нахо́дится о́коло Вы́ставочного за́ла.

N	*G*	*D*	*A*	*I*	*P*
Алапа́ев	-а	-у	-а	-ым	-е
Васи́лий	-я	-ю	-я	-ем	-и
Ива́нович	-а	-у	-а	-ем	-е

Анке́та

1.	Фами́лия:	Анто́нова
2.	Имя, о́тчество:	Светла́на Ви́кторовна
3.	Национа́льность:	ру́сская
4.	Ме́сто и да́та рожде́ния:	Волгогра́д, 20.12.1963
5.	Семе́йное положе́ние:	за́мужем, оди́н сын
6.	Ме́сто прожива́ния (го́род):	Дивногра́д
7.	Адрес:	у́лица Декабри́стов, дом 13, кв. 17
8.	Телефо́н:	349-41-22
9.	Жили́щные усло́вия:	двухко́мнатная кварти́ра
10.	Профе́ссия (до́лжность):	врач
11.	Ме́сто рабо́ты:	поликли́ника
12.	Зарпла́та:	70.000 рубле́й в ме́сяц (01.09.93)
13.	Образова́ние:	вы́сшее, Медици́нский институ́т
14.	Каки́е языки́ зна́ет:	ру́сский, англи́йский
15.	Кино́:	не хо́дит
16.	Телеви́дение:	мало смо́трит
17.	Спорт:	не интересу́ется
18.	Му́зыка:	класси́ческая му́зыка
19.	Люби́мая литерату́ра:	англи́йская литерату́ра
20.	Други́е интере́сы:	жи́вопись
21.	Во́зраст:	
22.	Вес, рост:	59 кг., 162 см.
23.	Цвет воло́с:	тёмные во́лосы
24.	Цвет глаз:	тёмные глаза́
25.	Хара́ктер:	делово́й
26.	Люби́мая оде́жда:	ко́фта, ю́бка, ту́фли
27.	Люби́мая еда́ и напи́тки:	вегетариа́нские блю́да, чай, минера́льная вода́
28.	Заве́тное жела́ние:	име́ть бо́льше свобо́дного вре́мени
29.	Распоря́док дня:	Встаёт в 7 часо́в утра́. Пьёт чай. Ест хлеб с мёдом. Ездит на рабо́ту на трамва́е. Рабо́ту начина́ет в 8:30. Обе́дает в столо́вой при поликли́нике. Иногда́ заде́рживается на рабо́те и возвраща́ется по́здно домо́й. Ве́чером слу́шает му́зыку. Ужин гото́вит ба́бушка.

Приезжа́йте ко мне в го́сти! Сади́тесь на метро́. Доезжа́йте до ста́нции метро́ «Вокза́л». Мой дом нахо́дится напро́тив ста́нции метро́.

N	G	D	A	I	P
Анто́нова	-ой	-ой	-у	-ой	-ой
Светла́на	-ы	-е	-у	-ой	-е
Ви́кторовна	-ы	-е	-у	-ой	-е

Анке́та

1.	Фами́лия:	Бомбе́йский
2.	Имя, о́тчество:	Марк Моисе́евич
3.	Национа́льность:	евре́й
4.	Ме́сто и да́та рожде́ния:	Оде́сса, 22.2.1944
5.	Семе́йное положе́ние:	жена́т, два сы́на
6.	Ме́сто прожива́ния (го́род):	Дивногра́д
7.	Адрес:	у́лица Ле́рмонтова, дом 6, кв. 9
8.	Телефо́н:	504–83–11
9.	Жили́щные усло́вия:	трёхко́мнатная кварти́ра
10.	Профе́ссия (до́лжность):	писа́тель
11.	Ме́сто рабо́ты:	изда́тельство
12.	Зарпла́та:	гонора́ры, обы́чно 50.000 рубле́й в ме́сяц (01.09.93)
13.	Образова́ние:	вы́сшее, биологи́ческий факульте́т
14.	Каки́е языки́ зна́ет:	ру́сский, францу́зский
15.	Кино́:	не хо́дит
16.	Телеви́дение:	смо́трит зарубе́жные переда́чи
17.	Спорт:	не интересу́ется
18.	Му́зыка:	джаз
19.	Люби́мая литерату́ра:	францу́зская литерату́ра
20.	Други́е интере́сы:	коллекциони́рует джа́зовые пласти́нки
21.	Во́зраст:	
22.	Вес, рост:	81 кг., 172 см.
23.	Цвет воло́с:	чёрные во́лосы, борода́ и у́сы
24.	Цвет глаз:	тёмные глаза́
25.	Хара́ктер:	мечта́тельный
26.	Люби́мая оде́жда:	футбо́лка, брю́ки, та́почки
27.	Люби́мая еда́ и напи́тки:	борщ, баклажа́ны, пи́во
28.	Заве́тное жела́ние:	написа́ть большо́й рома́н о жи́зни и сме́рти
29.	Распоря́док дня:	Встаёт в 10 часо́в. Пьёт чай. Ест пироги́. Чита́ет газе́ты и журна́лы. Обе́дает до́ма. По́сле обе́да начина́ет писа́ть. Рабо́тает до у́жина. Ужин гото́вит жена́ в 6 часо́в. По́сле у́жина он рабо́тает ещё не́сколько часо́в. Иногда́ слу́шает джа́зовые пласти́нки. По́здно ложи́тся спать.

Приезжа́йте ко мне в го́сти! Сади́тесь на 22-й троллейбус. Доезжа́йте до Дми́тровского переу́лка. Мой дом нахо́дится ря́дом со швейной фа́брикой.

N	*G*	*D*	*A*	*I*	*P*
Бомбе́йский	–ого	–ому	–ого	–им	–ом
Марк	–а	–у	–а	–ом	–е
Моисе́евич	–а	–у	–а	–ем	–е

Анке́та

№		
1.	Фами́лия:	Бы́кова
2.	Имя, о́тчество:	Людми́ла Влади́ми́ровна
3.	Национа́льность:	ру́сская
4.	Ме́сто и да́та рожде́ния:	дере́вня Диви́нка, 6.3.1961
5.	Семе́йное положе́ние:	за́мужем, сын и дочь
6.	Ме́сто прожива́ния (го́род):	Дивногра́д
7.	А́дрес:	проспе́кт Ми́ра, дом 5, кв. 35
8.	Телефо́н:	245-85-02
9.	Жили́щные усло́вия:	двухко́мнатная кварти́ра
10.	Профе́ссия (до́лжность):	продавщи́ца
11.	Ме́сто рабо́ты:	гастроно́м
12.	Зарпла́та:	35.000 рубле́й в ме́сяц (01.09.93)
13.	Образова́ние:	сре́днее
14.	Каки́е языки́ зна́ет:	ру́сский
15.	Кино́:	романти́ческие фи́льмы
16.	Телеви́дение:	смо́трит худо́жественные фи́льмы
17.	Спорт:	не интересу́ется
18.	Му́зыка:	наро́дные пе́сни
19.	Люби́мая литерату́ра:	чита́ет журна́л «Рабо́тница»
20.	Други́е интере́сы:	лю́бит вяза́ть
21.	Во́зраст:	
22.	Вес, рост:	81 кг., 176 см.
23.	Цвет воло́с:	све́тлые во́лосы
24.	Цвет глаз:	све́тлые глаза́
25.	Хара́ктер:	агресси́вный
26.	Люби́мая оде́жда:	блу́зка, ю́бка, ту́фли
27.	Люби́мая еда́ и напи́тки:	карто́шка, колбаса́, чай
28.	Заве́тное жела́ние:	име́ть трёхко́мнатную кварти́ру
29.	Распоря́док дня:	Встаёт в 6 часо́в утра́. Пьёт чай. Ест бутербро́д с колбасо́й. Хо́дит на рабо́ту пешко́м. Начина́ет рабо́ту в 8 часо́в утра́. Обе́дает на рабо́те. Конча́ет рабо́ту в 4 часа́. Ве́чером смо́трит телеви́зор и вя́жет. Ложи́тся спать в 10:30.

Приезжа́йте ко мне в го́сти! Сади́тесь на 9-й трамва́й. Доезжа́йте до проспе́кта Ми́ра. Мой дом нахо́дится напро́тив магази́на «О́бувь».

N	*G*	*D*	*A*	*I*	*P*
Бы́кова	-ой	-ой	-у	-ой	-ой
Людми́ла	-ы	-е	-у	-ой	-е
Влади́ми́ровна	-ы	-е	-у	-ой	-е

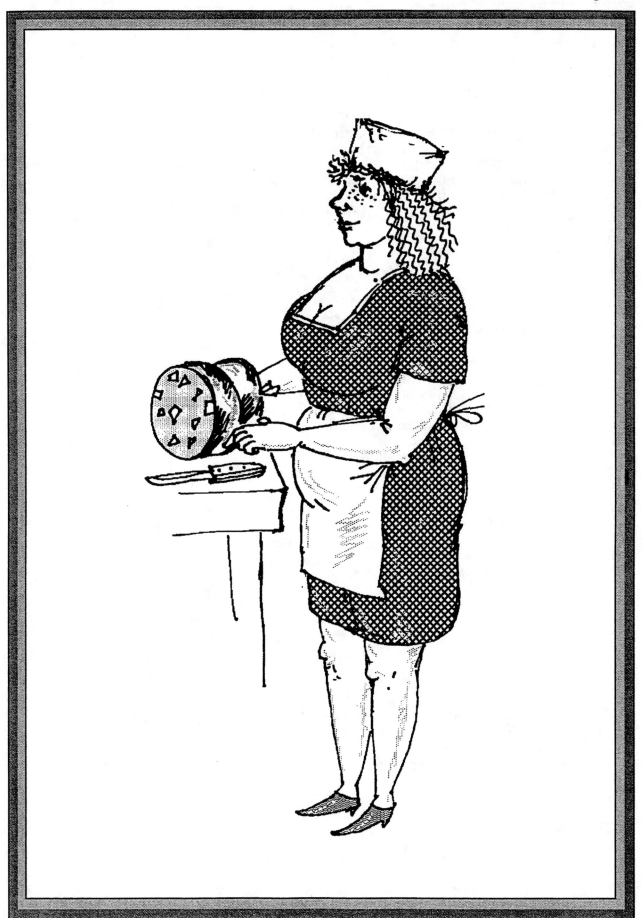

Анке́та

1.	Фами́лия:	Вардання́н
2.	Имя, о́тчество:	Ашо́т Алекса́ндрович
3.	Национа́льность:	армяни́н
4.	Ме́сто и да́та рожде́ния:	Ерева́н, 7.8.1952
5.	Семе́йное положе́ние:	жена́т, два сы́на
6.	Ме́сто прожива́ния (го́род):	Дивногра́д
7.	А́дрес:	Дми́тровский переу́лок, дом 17, кв. 75
8.	Телефо́н:	412-39-29
9.	Жили́щные усло́вия:	кооперати́вная трёхко́мнатная кварти́ра
10.	Профе́ссия (до́лжность):	води́тель такси́
11.	Ме́сто рабо́ты:	таксопа́рк
12.	Зарпла́та:	55.000 рубле́й в ме́сяц (01.09.93)
13.	Образова́ние:	сре́днее
14.	Каки́е языки́ зна́ет:	ру́сский, армя́нский
15.	Кино́:	не хо́дит
16.	Телеви́дение:	смо́трит детекти́вы
17.	Спорт:	интересу́ется футбо́лом
18.	Му́зыка:	не интересу́ется
19.	Люби́мая литерату́ра:	чита́ет спорти́вные журна́лы
20.	Други́е интере́сы:	игра́ет в домино́
21.	Во́зраст:	
22.	Вес, рост:	82 кг., 170 см.
23.	Цвет воло́с:	тёмные во́лосы
24.	Цвет глаз:	чёрные глаза́
25.	Хара́ктер:	агресси́вный
26.	Люби́мая оде́жда:	ко́жаная ку́ртка
27.	Люби́мая еда́ и напи́тки:	шашлы́к и сала́т, конья́к и сла́дкое вино́
28.	Заве́тное жела́ние:	купи́ть иностра́нную маши́ну
29.	Распоря́док дня:	Встаёт в 6 часо́в утра́. Пьёт чай и ест яи́чницу. Ездит на рабо́ту на метро́. Обе́дает в ра́зное вре́мя в ра́зных столо́вых. Ужинает до́ма в ра́зное вре́мя. Смо́трит телеви́зор, когда́ есть свобо́дное вре́мя. Ложи́тся спать в 12 часо́в. По выходны́м дням игра́ет в домино́ с друзья́ми.

Приезжа́йте ко мне в го́сти! Сади́тесь на 9-й трамва́й. Доезжа́йте до Дми́тровского переу́лка. Мой дом нахо́дится ря́дом с Педагоги́ческим учи́лищем.

N	*G*	*D*	*A*	*I*	*P*
Вардання́н	-а	-у	-а	-ом	-е
Ашо́т	-а	-у	-а	-ом	-е
Алекса́ндрович	-а	-у	-а	-ем	-е

Анке́та

1.	Фами́лия:	Галиу́ллин
2.	Имя, о́тчество:	Рахи́м Каби́рович
3.	Национа́льность:	тата́рин
4.	Ме́сто и да́та рожде́ния:	Каза́нь, 4.4.1968
5.	Семе́йное положе́ние:	не жена́т
6.	Ме́сто прожива́ния (го́род):	Дивногра́д
7.	Адре́с:	у́лица Обло́мова, дом 8, кв. 12
8.	Телефо́н:	221-03-99
9.	Жили́щные усло́вия:	снима́ет ко́мнату
10.	Профе́ссия (до́лжность):	программи́ст
11.	Ме́сто рабо́ты:	Дивногра́дский университе́т
12.	Зарпла́та:	48.000 рубле́й в ме́сяц (01.09.93)
13.	Образова́ние:	вы́сшее, факульте́т вычисли́тельной те́хники Дивногра́дского университе́та
14.	Каки́е языки́ зна́ет:	ру́сский, англи́йский, тата́рский
15.	Кино́:	хо́дит на фи́льмы у́жасов
16.	Телеви́дение:	смо́трит спорти́вные програ́ммы
17.	Спорт:	игра́ет в футбо́л
18.	Му́зыка:	джаз
19.	Люби́мая литерату́ра:	нау́чная фанта́стика
20.	Други́е интере́сы:	игра́ет в компью́терные и́гры
21.	Во́зраст:	
22.	Вес, рост:	61 кг., 165 см.
23.	Цвет воло́с:	чёрные во́лосы
24.	Цвет глаз:	тёмные глаза́
25.	Хара́ктер:	стра́нный
26.	Люби́мая оде́жда:	руба́шка, джи́нсы, кроссо́вки
27.	Люби́мая еда́ и напи́тки:	торт, пече́нье, пи́во
28.	Заве́тное жела́ние:	име́ть свой со́бственный компью́тер
29.	Распоря́док дня:	Встаёт в 8 часо́в утра́. Пьёт чай. Ест пече́нье. Е́здит на рабо́ту на метро́. Рабо́та начина́ется в 9:30 утра́. Обе́дает в студе́нческой столо́вой. Рабо́та конча́ется в 6:30 ве́чера. Иногда́ остаётся на рабо́те ве́чером. Сам не гото́вит. Обы́чно у́жинает в столо́вой. Ве́чером лю́бит смотре́ть футбо́л по телеви́зору. Ложи́тся спать в 0:30 но́чи.

Приезжа́йте ко мне в го́сти! Сади́тесь на метро́. Доезжа́йте до ста́нции метро́ «Речно́й порт». Мой дом нахо́дится напро́тив гости́ницы «Ко́смос».

N	G	D	A	I	P
Галиу́ллин	-а	-у	-а	-ым	-е
Рахи́м	-а	-у	-а	-ом	-е
Каби́рович	-а	-у	-а	-ем	-е

Анке́та

1.	Фами́лия:	Галу́шкин
2.	Имя, о́тчество:	Игорь Петро́вич
3.	Национа́льность:	ру́сский
4.	Ме́сто и да́та рожде́ния:	Сама́ра, 15.9.1959
5.	Семе́йное положе́ние:	разведён, оди́н сын
6.	Ме́сто прожива́ния (го́род):	Дивногра́д
7.	А́дрес:	Каза́чий переу́лок, дом 6, кв. 11
8.	Телефо́н:	277-12-13
9.	Жили́щные усло́вия:	двухко́мнатная кварти́ра
10.	Профе́ссия (до́лжность):	журнали́ст
11.	Ме́сто рабо́ты:	телесту́дия
12.	Зарпла́та:	42.000 рубле́й в ме́сяц (01.09.93)
13.	Образова́ние:	вы́сшее, факульте́т журнали́стики Дивногра́дского университе́та
14.	Каки́е языки́ зна́ет:	ру́сский
15.	Кино́:	лю́бит иностра́нные фи́льмы
16.	Телеви́дение:	смо́трит информацио́нные програ́ммы
17.	Спорт:	ката́ется на велосипе́де
18.	Му́зыка:	джаз
19.	Люби́мая литерату́ра:	англи́йская литерату́ра
20.	Други́е интере́сы:	ката́ние на лы́жах
21.	Во́зраст:	
22.	Вес, рост:	72 кг., 170 см. (сре́днего ро́ста)
23.	Цвет воло́с:	све́тлые во́лосы
24.	Цвет глаз:	све́тлые глаза́
25.	Хара́ктер:	тяжёлый
26.	Люби́мая оде́жда:	ку́ртка, джи́нсы, высо́кие боти́нки
27.	Люби́мая еда́ и напи́тки:	соси́ски, ко́фе, пи́во
28.	Заве́тное жела́ние:	взять интервью́ у президе́нта США
29.	Распоря́док дня:	Встаёт в 8 часо́в утра́. Не за́втракает. Е́здит на рабо́ту на велосипе́де. Начина́ет рабо́ту в 9:00 часо́в утра́. Пьёт ко́фе весь день в буфе́те при телесту́дии. Берёт интервью́ у ра́зных люде́й и в телесту́дии, и в други́х места́х го́рода. Конча́ет рабо́ту в 7 часо́в. У́жинает и́ли в кафе́, и́ли в рестора́не. Ложи́тся спать по́здно.

Приезжа́йте ко мне в го́сти! Сади́тесь на метро́. Доезжа́йте до ста́нции метро́ «Вокза́л». Мой дом нахо́дится напро́тив ста́нции метро́.

N	*G*	*D*	*A*	*I*	*P*
Галу́шкин	-а	-у	-а	-ым	-е
Игорь	-я	-ю	-я	-ем	-е
Петро́вич	-а	-у	-а	-ем	-е

Анке́та

1.	Фами́лия:	Дорохо́вич
2.	Имя, о́тчество:	Ви́ктор Никола́евич
3.	Национа́льность:	белору́с
4.	Ме́сто и да́та рожде́ния:	Минск, 16.2.1953
5.	Семе́йное положе́ние:	жена́т, одна́ до́чка
6.	Ме́сто прожива́ния (го́род):	Дивногра́д
7.	Адрес:	у́лица Ши́шкина, дом 7, кв. 15
8.	Телефо́н:	276–11–05
9.	Жили́щные усло́вия:	трёхко́мнатная кварти́ра
10.	Профе́ссия (до́лжность):	хи́мик, до́ктор хими́ческих нау́к
11.	Ме́сто рабо́ты:	Дивногра́дский университе́т
12.	Зарпла́та:	59.000 рубле́й в ме́сяц (01.09.93)
13.	Образова́ние:	вы́сшее, хими́ческий факульте́т Ми́нского университе́та
14.	Каки́е языки́ зна́ет:	ру́сский, англи́йский, италья́нский,
15.	Кино́:	не хо́дит
16.	Телеви́дение:	не смо́трит
17.	Спорт:	не интересу́ется
18.	Му́зыка:	италья́нская о́пера
19.	Люби́мая литерату́ра:	италья́нская литерату́ра
20.	Други́е интере́сы:	собира́ет колле́кцию ста́рых пласти́нок
21.	Во́зраст:	
22.	Вес, рост:	79 кг., 182 см.
23.	Цвет воло́с:	све́тлые во́лосы
24.	Цвет глаз:	све́тлые глаза́
25.	Хара́ктер:	не́рвный
26.	Люби́мая оде́жда:	костю́м, га́лстук
27.	Люби́мая еда́ и напи́тки:	ку́рица, бульо́н, сухо́е вино́
28.	Заве́тное жела́ние:	пое́хать в Рим послу́шать о́перу
29.	Распоря́док дня:	Встаёт в 6:30 утра́. Пьёт чай с варе́ньем. Ест гре́нки. Ездит на рабо́ту на свое́й маши́не. Прихо́дит на рабо́ту в 8 часо́в утра́. Обе́дает в профе́ссорской столо́вой при университе́те. Конча́ет рабо́ту в 6:30 ве́чера. Обы́чно у́жинает дома с жено́й и до́чкой. После у́жина рабо́тает у себя́ в кабине́те. Иногда́ слу́шает о́перную му́зыку. Ре́дко хо́дит в го́сти и́ли приглаша́ет к себе́. Ложи́тся спать в час но́чи.

Приезжа́йте ко мне в го́сти! Сади́тесь на трамва́й №1. Доезжа́йте до у́лицы Ши́шкина. Мой дом нахо́дится напро́тив шко́лы №5.

N	G	D	A	I	P
Дорохо́вич	-а	-у	-а	-ем	-е
Ви́ктор	-а	-у	-а	-ом	-е
Никола́евич	-а	-у	-а	-ем	-е

Анке́та

1.	Фами́лия:	Ивано́в
2.	Имя, о́тчество:	Ива́н Ива́нович
3.	Национа́льность:	ру́сский
4.	Ме́сто и да́та рожде́ния:	дере́вня Диви́нка, 26.5.1963
5.	Семе́йное положе́ние:	жена́т, два сы́на, одна́ дочка
6.	Ме́сто прожива́ния (го́род):	дере́вня Диви́нка
7.	Áдрес:	
8.	Телефо́н:	нет телефо́на
9.	Жили́щные усло́вия:	ма́ленький дом в дере́вне
10.	Профе́ссия (до́лжность):	тракторист
11.	Ме́сто рабо́ты:	колхо́з Диви́нский
12.	Зарпла́та:	37.000 рубле́й в ме́сяц (01.09.93)
13.	Образова́ние:	сре́днее
14.	Каки́е языки́ зна́ет:	ру́сский
15.	Кино́:	не хо́дит
16.	Телеви́дение:	смо́трит то́лько зимо́й
17.	Спорт:	хокке́й
18.	Му́зыка:	игра́ет на гармо́шке
19.	Люби́мая литерату́ра:	чита́ет ма́ло
20.	Други́е интере́сы:	го́нит самого́н
21.	Во́зраст:	
22.	Вес, рост:	77 кг., 172 см. (среднего роста)
23.	Цвет воло́с:	све́тлые во́лосы
24.	Цвет глаз:	све́тлые глаза́
25.	Хара́ктер:	весёлый
26.	Люби́мая оде́жда:	телогре́йка и сапоги́
27.	Люби́мая еда́ и напи́тки:	щи, карто́шка, во́дка
28.	Заве́тное жела́ние:	постро́ить большо́й но́вый дом
29.	Распоря́док дня:	Встаёт в 4:30 утра́. Пьёт чай с мёдом. Ест карто́шку. Хо́дит на рабо́ту пешко́м. Начина́ет рабо́ту в 5 часо́в утра́. Обе́дает в по́ле. Ле́том конча́ет рабо́ту в конце́ дня. Ужинает до́ма. Ложи́тся спать ра́но.

Приезжа́йте ко мне в го́сти! Сади́тесь на 19-й авто́бус. Доезжа́йте на автовокза́л. Отту́да мо́жно сесть на авто́бус в дере́вню Диви́нка. Мой дом нахо́дится ря́дом с остано́вкой авто́буса в Диви́нке.

N	*G*	*D*	*A*	*I*	*P*
Ивано́в	-а	-у	-а	-ым	-е
Ива́н	-а	-у	-а	-ом	-е
Ива́нович	-а	-у	-а	-ем	-е

Анке́та

1.	Фами́лия:	Конта́ктов
2.	Имя, о́тчество:	Ро́берт Васи́льевич
3.	Национа́льность:	ру́сский
4.	Ме́сто и да́та рожде́ния:	Москва́, 9.6.1964
5.	Семе́йное положе́ние:	не жена́т
6.	Ме́сто прожива́ния (го́род):	Дивногра́д
7.	Адрес:	у́лица Лобаче́вского, дом 8, кв. 18
8.	Телефо́н:	752-98-46
9.	Жили́щные усло́вия:	кооперати́вная двухко́мнатная кварти́ра
10.	Профе́ссия (до́лжность):	экономи́ст (представи́тель совме́стного предприя́тия)
11.	Ме́сто рабо́ты:	фи́рма «Интерпро́м»
12.	Зарпла́та:	82.500 рубле́й в ме́сяц (01.09.93)
13.	Образова́ние:	вы́сшее, экономи́ческий факульте́т Моско́вского университе́та
14.	Каки́е языки́ зна́ет:	ру́сский, англи́йский
15.	Кино́:	хо́дит то́лько на америка́нские фи́льмы
16.	Телеви́дение:	лю́бит смотре́ть развлека́тельные програ́ммы
17.	Спорт:	каратэ́
18.	Му́зыка:	джаз и рок
19.	Люби́мая литерату́ра:	совреме́нная литерату́ра
20.	Други́е интере́сы:	собира́ет видеоте́ку фантасти́ческих фи́льмов
21.	Во́зраст:	
22.	Вес, рост:	71 кг., 172 см.
23.	Цвет воло́с:	тёмные во́лосы
24.	Цвет глаз:	се́рые глаза́
25.	Хара́ктер:	общи́тельный
26.	Люби́мая оде́жда:	мо́дные костю́мы
27.	Люби́мая еда́ и напи́тки:	ры́ба, пе́пси
28.	Заве́тное жела́ние:	откры́ть филиа́л в Нью-Йо́рке
29.	Распоря́док дня:	Встаёт в 7:30 утра́. Де́лает заря́дку. Ест бутербро́д с сы́ром. Пьёт ко́фе. Ездит на рабо́ту на маши́не. Начина́ет рабо́ту в 9 часо́в утра́. Обе́дает в о́фисе в 13 часо́в. Конча́ет рабо́ту в 6 часо́в ве́чера. Обы́чно у́жинает в рестора́не и́ли в кафе́. Ве́чером смо́трит ви́део. Ложи́тся спать в 12 часо́в ве́чера.

Приезжа́йте ко мне в го́сти! Сади́тесь на метро́. Доезжа́йте до ста́нции метро́ «Ры́нок». Мой дом нахо́дится напро́тив Дивногра́дского университе́та.

	N	*G*	*D*	*A*	*I*	*P*
Конта́ктов		-а	-у	-а	-ым	-е
Ро́берт		-а	-у	-а	-ом	-е
Васи́льевич		-а	-у	-а	-ем	-е

Анке́та

1.	Фами́лия:	Мака́ров
2.	Имя, о́тчество:	Его́р Кузьми́ч
3.	Национа́льность:	ру́сский
4.	Ме́сто и да́та рожде́ния:	дере́вня Дровосе́ково, 10.11.1932
5.	Семе́йное положе́ние:	жена́т, дво́е дете́й
6.	Ме́сто прожива́ния (го́род):	Дивногра́д
7.	Áдрес:	Моско́вский проспе́кт, дом 10, кв. 59
8.	Телефо́н:	388–70–06
9.	Жили́щные усло́вия:	трёхко́мнатная кварти́ра
10.	Профе́ссия (до́лжность):	гла́вный бухга́лтер
11.	Ме́сто рабо́ты:	Педагоги́ческое учи́лище
12.	Зарпла́та:	60.000 рубле́й в ме́сяц (01.09.93)
13.	Образова́ние:	вы́сшее, фина́нсово–экономи́ческий институ́т
14.	Каки́е языки́ зна́ет:	ру́сский
15.	Кино́:	не хо́дит
16.	Телеви́дение:	смо́трит информацио́нные програ́ммы
17.	Спорт:	не занима́ется спо́ртом
18.	Му́зыка:	ру́сские наро́дные пе́сни
19.	Люби́мая литерату́ра:	чита́ет ма́ло
20.	Други́е интере́сы:	рабо́та на да́че
21.	Во́зраст:	
22.	Вес, рост:	81 кг., 165см.
23.	Цвет воло́с:	лы́сый
24.	Цвет глаз:	ка́рие глаза́
25.	Хара́ктер:	тру́дный
26.	Люби́мая оде́жда:	костю́м, га́лстук, бе́лая руба́шка
27.	Люби́мая еда́ и напи́тки:	мя́со, колбаса́, пи́во, во́дка
28.	Заве́тное жела́ние:	но́вая маши́на
29.	Распоря́док дня:	Встаёт в 6 часо́в утра́. На за́втрак ест бутербро́д с колбасо́й и пьёт чай. Ездит на рабо́ту на тролле́йбусе. Начина́ет рабо́ту в 8 часо́в утра́. Обе́дает в столо́вой на рабо́те. Конча́ет рабо́ту в 5 часо́в ве́чера. Ужинает до́ма в 7 часо́в ве́чера. Обы́чно чита́ет газе́ту и смо́трит телеви́зор. Иногда́ игра́ет в лото́. Ложи́тся спать в 10 часо́в ве́чера.

Приезжа́йте ко мне в го́сти! Сади́тесь на тролле́йбус №22. Доезжа́йте до у́лицы Чайко́вского. Мой дом нахо́дится напро́тив Успе́нского собо́ра.

N	*G*	*D*	*A*	*I*	*P*
Мака́ров	–а	–у	–а	–ым	–е
Его́р	–а	–у	–а	–ом	–е
Кузьми́ч	–а́	–у́	–а́	–о́м	–е́

Анке́та

1.	Фами́лия:	Мягко́ва
2.	Имя, о́тчество:	Со́фья Петро́вна
3.	Национа́льность:	ру́сская
4.	Ме́сто и да́та рожде́ния:	Но́вгород, 9.5.1963
5.	Семе́йное положе́ние:	разведена́, до́чка
6.	Ме́сто прожива́ния (го́род):	Дивногра́д
7.	Адрес:	у́лица Достое́вского, дом 10, кв. 8
8.	Телефо́н:	132–38–29
9.	Жили́щные усло́вия:	однокомнатная кварти́ра
10.	Профе́ссия (до́лжность):	учи́тельница геогра́фии
11.	Ме́сто рабо́ты:	шко́ла
12.	Зарпла́та:	41.500 рубле́й в ме́сяц (01.09.93)
13.	Образова́ние:	вы́сшее образова́ние, педагоги́ческий институ́т, географи́ческий факульте́т
14.	Каки́е языки́ зна́ет:	ру́сский, англи́йский, францу́зский
15.	Кино́:	ча́сто хо́дит одна́ на зарубе́жные фи́льмы
16.	Телеви́дение:	смо́трит с дочкой мультфи́льмы
17.	Спорт:	не интересу́ется
18.	Му́зыка:	ру́сские рома́нсы, игра́ет на пиани́но
19.	Люби́мая литерату́ра:	ру́сская класси́ческая литерату́ра
20.	Други́е интере́сы:	коллекциони́рует ста́рые ка́рты
21.	Во́зраст:	
22.	Вес, рост:	64 кг., 167 см.
23.	Цвет воло́с:	све́тлые во́лосы
24.	Цвет глаз:	си́ние глаза́
25.	Хара́ктер:	мя́гкий
26.	Люби́мая оде́жда:	коро́ткие пла́тья и ту́фли на высо́ких каблука́х
27.	Люби́мая еда́ и напи́тки:	моро́женое, конфе́ты, лимона́д
28.	Заве́тное жела́ние:	путеше́ствовать по ми́ру
29.	Распоря́док дня:	Встаёт в 6:45 утра́. Пьёт чай. Ест бу́лочку с ма́слом. Провожа́ет до́чку в де́тский сад. Начина́ет уро́ки в 8:15 утра́. Обе́дает в шко́льной столо́вой. Конча́ет уро́ки в 2 часа́. Проверя́ет дома́шние зада́ния ученико́в. Ухо́дит домо́й в 4 часа́. По доро́ге домо́й де́лает поку́пки в гастроно́ме. Берёт до́чку из де́тского са́да. В 8 часо́в смо́трит с до́черью переда́чу «Споко́йной но́чи, малыши́». Ложи́тся спать в 10:30.

Приезжа́йте ко мне в го́сти! Сади́тесь на 5-й авто́бус. Доезжа́йте до Цвето́чного прое́зда. Мой дом нахо́дится на углу́.

	N	*G*	*D*	*A*	*I*	*P*
Мягко́ва		-ой	-ой	-у	-ой	-ой
Со́фья		-и	-е	-ю	-ей	-е
Петро́вна		-ы	-е	-у	-ой	-е

Анке́та

1.	Фами́лия:	Никано́рова
2.	Имя, о́тчество:	Виоле́тта Ива́новна
3.	Национа́льность:	ру́сская
4.	Ме́сто и да́та рожде́ния:	Санкт-Петербу́рг, 28.7.1959
5.	Семе́йное положе́ние:	разведена́, дочь
6.	Ме́сто прожива́ния (го́род):	Дивногра́д
7.	Адрес:	у́лица Тамбо́вская, дом 17, кв. 14
8.	Телефо́н:	243-66-99
9.	Жили́щные усло́вия:	ко́мната в коммуна́льной кварти́ре
10.	Профе́ссия (до́лжность):	поэте́сса
11.	Ме́сто рабо́ты:	изда́тельство
12.	Зарпла́та:	гонора́ры, обы́чно 35.000 рубле́й в ме́сяц (01.09.93)
13.	Образова́ние:	вы́сшее, филологи́ческий факульте́т Ленингра́дского университе́та
14.	Каки́е языки́ зна́ет:	ру́сский, англи́йский
15.	Кино́:	ча́сто хо́дит на за́падные фи́льмы
16.	Телеви́дение:	смо́трит ре́дко
17.	Спорт:	не интересу́ется
18.	Му́зыка:	класси́ческая му́зыка (Рахма́нинов)
19.	Люби́мая литерату́ра:	ру́сская поэ́зия
20.	Други́е интере́сы:	стари́нные рома́нсы
21.	Во́зраст:	
22.	Вес, рост:	61 кг., 171 см.
23.	Цвет воло́с:	све́тлые во́лосы
24.	Цвет глаз:	си́ние глаза́
25.	Хара́ктер:	за́мкнутый
26.	Люби́мая оде́жда:	жаке́т, ю́бка, ту́фли на высо́ких каблука́х
27.	Люби́мая еда́ и напи́тки:	ма́ло ест, лю́бит сухо́е вино́ и шампа́нское
28.	Заве́тное жела́ние:	мирова́я изве́стность
29.	Распоря́док дня:	Встаёт по́здно, в 9 часо́в утра́. На за́втрак пьёт ко́фе и ест диети́ческие сухари́. Обы́чно рабо́тает до́ма. Иногда́ е́здит в изда́тельство, что́бы отда́ть стихи́ реда́ктору. Ча́сто гуля́ет по го́роду. Пи́шет стихи́ по́здним ве́чером и́ли но́чью. Не смо́трит телеви́зор. Ча́сто забыва́ет гото́вить обе́д. Обы́чно ложи́тся спать по́сле 12 часо́в но́чи. Е́сли не мо́жет рабо́тать, слу́шает му́зыку.

Приезжа́йте ко мне в го́сти! Сади́тесь на метро́. Доезжа́йте до ста́нции метро́ «Че́ховская». Мой дом нахо́дится напро́тив автозапра́вочной ста́нции.

	N	*G*	*D*	*A*	*I*	*P*
Никано́рова		−ой	−ой	−у	−ой	−ой
Виоле́тта		−ы	−е	−у	−ой	−е
Ива́новна		−ы	−е	−у	−ой	−е

Анке́та

1.	Фами́лия:	Оре́хов
2.	Имя, о́тчество:	Алекса́ндр Семёнович
3.	Национа́льность:	ру́сский
4.	Ме́сто и да́та рожде́ния:	Каза́нь, 18.10.1951г
5.	Семе́йное положе́ние:	разведён
6.	Ме́сто прожива́ния (го́род):	Дивногра́д
7.	Адрес:	у́лица Шаля́пина, дом 12, кв. 22
8.	Телефо́н:	477-88-31
9.	Жили́щные усло́вия:	однокомнатная кварти́ра
10.	Профе́ссия (до́лжность):	худо́жник
11.	Ме́сто рабо́ты:	мастерска́я
12.	Зарпла́та:	44.000 рубле́й в ме́сяц (01.09.93)
13.	Образова́ние:	сре́днее специа́льное, худо́жественное учи́лище
14.	Каки́е языки́ зна́ет:	ру́сский, неме́цкий
15.	Кино́:	ре́дко хо́дит
16.	Телеви́дение:	нет телеви́зора
17.	Спорт:	не интересу́ется
18.	Му́зыка:	церко́вная му́зыка
19.	Люби́мая литерату́ра:	америка́нская литерату́ра (Эрнест Хемингуэ́й)
20.	Други́е интере́сы:	собира́ет ста́рые ико́ны
21.	Во́зраст:	
22.	Вес, рост:	75 кг., 159 см.
23.	Цвет воло́с:	чёрные во́лосы, борода́ и усы́
24.	Цвет глаз:	тёмные глаза́
25.	Хара́ктер:	споко́йный
26.	Люби́мая оде́жда:	ку́ртка, джи́нсы, кроссо́вки
27.	Люби́мая еда́ и напи́тки:	вегетариа́нец, о́вощи и фру́кты, чай
28.	Заве́тное жела́ние:	пое́хать в Пари́ж
29.	Распоря́док дня:	Встаёт в 11 часо́в утра́. Пьёт чай. Ест пиро́жное. Пи́шет карти́ны и́ли до́ма, и́ли в мастерско́й. Обе́дает в вегетариа́нской столо́вой. Ужин гото́вит сам до́ма. Ве́чером слу́шает му́зыку. Осо́бенно лю́бит писа́ть карти́ны но́чью. По воскресе́ньям хо́дит в це́рковь.

Приезжа́йте ко мне в го́сти! Сади́тесь на метро́. Доезжа́йте до ста́нции метро́ «Стадио́н». Мой дом нахо́дится ря́дом со спорти́вным ко́мплексом.

N	G	D	A	I	P
Оре́хов	-а	-у	-а	-ым	-е
Алекса́ндр	-а	-у	-а	-ом	-е
Семёнович	-а	-у	-а	-ем	-е

Анке́та

1.	Фами́лия:	Панасю́к
2.	Имя, о́тчество:	Григо́рий Ники́тич
3.	Национа́льность:	украи́нец
4.	Ме́сто и да́та рожде́ния:	Ки́ев, 9.3.1939
5.	Семе́йное положе́ние:	жена́т, две до́чери, оди́н сын
6.	Ме́сто прожива́ния (го́род):	Дивногра́д
7.	Адрес:	Цвето́чный прое́зд, дом 17
8.	Телефо́н:	211-38-42
9.	Жили́щные усло́вия:	ча́стный дом
10.	Профе́ссия (до́лжность):	маля́р
11.	Ме́сто рабо́ты:	строи́тельный трест
12.	Зарпла́та:	52.000 рубле́й в ме́сяц (01.09.93)
13.	Образова́ние:	сре́днее
14.	Каки́е языки́ зна́ет:	ру́сский, украи́нский
15.	Кино́:	не хо́дит
16.	Телеви́дение:	спорти́вные програ́ммы
17.	Спорт:	футбо́л и хокке́й
18.	Му́зыка:	наро́дная му́зыка
19.	Люби́мая литерату́ра:	газе́та «Футбо́л-Хокке́й»
20.	Други́е интере́сы:	лю́бит собира́ть грибы́
21.	Во́зраст:	
22.	Вес, рост:	82 кг., 179 см.
23.	Цвет воло́с:	тёмные во́лосы, усы́
24.	Цвет глаз:	чёрные глаза́
25.	Хара́ктер:	трудолюби́вый
26.	Люби́мая оде́жда:	спорти́вный костю́м
27.	Люби́мая еда́ и напи́тки:	борщ, колбаса́, во́дка, пи́во
28.	Заве́тное жела́ние:	жить в дере́вне
29.	Распоря́док дня:	Встаёт в 5 часо́в утра́. Пьёт компо́т. Ест бутербро́ды с колбасо́й. Е́здит на рабо́ту на авто́бусе. Начина́ет рабо́ту в 7:30 утра́. Обед берёт с собо́й из до́ма. Конча́ет рабо́ту в 5 часо́в. У́жинает до́ма в 6 часо́в ве́чера. Чита́ет газе́ту и смо́трит телеви́зор. Ве́чером звони́т друзья́м и до́лго разгова́ривает.

Приезжа́йте ко мне в го́сти! Сади́тесь на 3-й авто́бус. Доезжа́йте до у́лицы Достое́вского. Мой дом нахо́дится недалеко́ от кафе́ «Луч».

N	*G*	*D*	*A*	*I*	*P*
Панасю́к	-а́	-у́	-а́	-о́м	-е́
Григо́рий	-я	-ю	-я	-ем	-и
Ники́тич	-а	-у	-а	-ем	-е

Анке́та

1.	Фами́лия:	Петре́нко
2.	Имя, о́тчество:	Лари́са Григо́рьевна
3.	Национа́льность:	украи́нка
4.	Ме́сто и да́та рожде́ния:	Краснода́р, 11.9.1968г
5.	Семе́йное положе́ние:	за́мужем, оди́н сын
6.	Ме́сто прожива́ния (го́род):	Дивногра́д
7.	Адрес:	Университе́тский проспе́кт, дом 2, кв. 35
8.	Телефо́н:	387-52-15
9.	Жили́щные усло́вия:	ко́мната в до́ме роди́телей
10.	Профе́ссия (до́лжность):	секрета́рь-машини́стка (секрета́рша)
11.	Ме́сто рабо́ты:	фи́рма «Интерпро́м»
12.	Зарпла́та:	36.500 рубле́й в ме́сяц (01.09.93)
13.	Образова́ние:	сре́днее, ку́рсы маши́нописи
14.	Каки́е языки́ зна́ет:	ру́сский
15.	Кино́:	ре́дко хо́дит
16.	Телеви́дение:	ча́сто смо́трит худо́жественные фи́льмы
17.	Спорт:	ката́ется на лы́жах
18.	Му́зыка:	рок- и поп-му́зыка
19.	Люби́мая литерату́ра:	рома́ны о любви́
20.	Други́е интере́сы:	лю́бит шить
21.	Во́зраст:	
22.	Вес, рост:	53 кг., 157 см.
23.	Цвет воло́с:	ры́жие во́лосы
24.	Цвет глаз:	зелёные глаза́
25.	Хара́ктер:	легкомы́сленный
26.	Люби́мая оде́жда:	мо́дная оде́жда
27.	Люби́мая еда́ и напи́тки:	блины́ и тво́рог, молоко́ и лимона́д
28.	Заве́тное жела́ние:	име́ть отде́льную кварти́ру
29.	Распоря́док дня:	Встаёт в 7 часо́в утра́. Пьёт молоко́ и ест тво́рог. Ездит на рабо́ту на трамва́е. Начина́ет рабо́ту в 8:30 утра́. Обе́дает в час дня в буфе́те. Конча́ет рабо́ту в 4 часа́. Покупа́ет проду́кты в магази́не. Берёт сы́на из де́тского са́да. Гото́вит у́жин. Ве́чером шьёт и смо́трит телеви́зор. Ложи́тся спать в 11 часо́в ве́чера.

Приезжа́йте ко мне в го́сти! Сади́тесь на 5-й авто́бус. Доезжа́йте до Университе́тского проспе́кта. Мой дом нахо́дится ря́дом с парикма́херской.

N	*G*	*D*	*A*	*I*	*P*
Петре́нко					
Лари́са	-ы	-е	-у	-ой	-е
Григо́рьевна	-ы	-е	-у	-ой	-е

Анке́та

1.	Фами́лия:	Показу́хина
2.	Имя, о́тчество:	Екатери́на Васи́льевна
3.	Национа́льность:	ру́сская
4.	Ме́сто и да́та рожде́ния:	Владивосто́к, 14.2.1967
5.	Семе́йное положе́ние:	не за́мужем
6.	Ме́сто прожива́ния (го́род):	Дивногра́д
7.	Адрес:	у́лица Скря́бина, дом 4, кв. 56
8.	Телефо́н:	229-77-10
9.	Жили́щные усло́вия:	ко́мната в кварти́ре роди́телей
10.	Профе́ссия (до́лжность):	экскурсово́д (гид)
11.	Ме́сто рабо́ты:	музе́й
12.	Зарпла́та:	38.500 рубле́й в ме́сяц (01.09.93)
13.	Образова́ние:	вы́сшее, факульте́т искусствове́дения Ленингра́дского университе́та
14.	Каки́е языки́ зна́ет:	ру́сский, неме́цкий, италья́нский
15.	Кино́:	италья́нские фи́льмы
16.	Телеви́дение:	переда́чи об иску́сстве
17.	Спорт:	не интересу́ется
18.	Му́зыка:	класси́ческая му́зыка
19.	Люби́мая литерату́ра:	истори́ческие рома́ны
20.	Други́е интере́сы:	перепи́ска со знако́мыми за грани́цей
21.	Во́зраст:	
22.	Вес, рост:	65 кг., 175 см.
23.	Цвет воло́с:	ру́сые во́лосы
24.	Цвет глаз:	ка́рие глаза́
25.	Хара́ктер:	оптимисти́ческий
26.	Люби́мая оде́жда:	блу́зка, ю́бка, ту́фли
27.	Люби́мая еда́ и напи́тки:	макаро́ны, сы́рники, ко́фе с молоко́м
28.	Заве́тное жела́ние:	путеше́ствовать по Евро́пе
29.	Распоря́док дня:	Встаёт в 6:45 утра́. Пьёт ко́фе с молоко́м. Ест сы́рники. Ездит на рабо́ту на тролле́йбусе. Начина́ет рабо́ту в 9:45 утра́. Обе́дает в столо́вой при музе́е. Ухо́дит с рабо́ты в 5 часо́в. Ужин гото́вит ма́ма. По вечера́м хо́дит в кино́ с подру́гой. Ложи́тся спать в 11:00 часо́в ве́чера. Лю́бит чита́ть в посте́ли.

Приезжа́йте ко мне в го́сти! Сади́тесь на метро́. Доезжа́йте до ста́нции метро́ «Парк культу́ры». Мой дом нахо́дится ря́дом со ста́нцией метро́.

N	G	D	A	I	P
Показу́хина	–ой	–ой	–у	–ой	–ой
Екатери́на	–ы	–е	–у	–ой	–е
Васи́льевна	–ы	–е	–у	–ой	–е

Анке́та

1.	Фами́лия:	Руставе́ли
2.	Имя, о́тчество:	Ио́сиф Дави́дович
3.	Национа́льность:	грузи́н
4.	Ме́сто и да́та рожде́ния:	Тбили́си, 26.6.1969
5.	Семе́йное положе́ние:	не жена́т
6.	Ме́сто прожива́ния (го́род):	Дивногра́д
7.	А́дрес:	у́лица Садо́вая, дом 2, кв. 68
8.	Телефо́н:	386-01-53
9.	Жили́щные усло́вия:	снима́ет ко́мнату
10.	Профе́ссия (до́лжность):	музыка́нт
11.	Ме́сто рабо́ты:	Рестора́н «Дивна́»
12.	Зарпла́та:	45.000 рубле́й в ме́сяц (01.09.93)
13.	Образова́ние:	не зако́нчил консервато́рию
14.	Каки́е языки́ зна́ет:	ру́сский, грузи́нский, англи́йский
15.	Кино́:	редко хо́дит
16.	Телеви́дение:	смо́трит музыка́льные програ́ммы
17.	Спорт:	не интересу́ется
18.	Му́зыка:	тяжёлый рок
19.	Люби́мая литерату́ра:	нау́чная фанта́стика
20.	Други́е интере́сы:	инопланѐтная жизнь
21.	Во́зраст:	
22.	Вес, рост:	70 кг., 180 см.
23.	Цвет воло́с:	чёрные во́лосы
24.	Цвет глаз:	чёрные глаза́
25.	Хара́ктер:	сло́жный (непоня́тный)
26.	Люби́мая оде́жда:	ко́жаная ку́ртка, джи́нсы, кроссо́вки
27.	Люби́мая еда́ и напи́тки:	шашлы́к, зе́лень, конья́к
28.	Заве́тное жела́ние:	пое́хать на гастро́ли в Евро́пу
29.	Распоря́док дня:	Встаёт в час дня. Пьёт ко́фе с пече́ньем. Е́здит на репети́цию на авто́бусе. Начина́ет рабо́ту в 6 часо́в ве́чера. У́жинает в рестора́не «Дивна́». Конча́ет рабо́ту в час но́чи. Возвраща́ется домо́й на такси́. Чита́ет нау́чную фанта́стику. Ку́рит.

Приезжа́йте ко мне в го́сти! Сади́тесь на авто́бус №2. Доезжа́йте до у́лицы Скря́бина. Мой дом нахо́дится недалеко́ от ста́нции метро́ «Парк культу́ры».

	N	G	D	A	I	P
Руставе́ли						
Ио́сиф		-а	-у	-а	-ом	-е
Дави́дович		-а	-у	-а	-ем	-е

Анке́та

1.	Фами́лия	Семёнова
2.	Имя, о́тчество:	Ольга Ива́новна
3.	Национа́льность:	ру́сская
4.	Ме́сто и да́та рожде́ния:	Новосиби́рск, 13.12.1933
5.	Семе́йное положе́ние:	вдова́, одна́ дочь
6.	Ме́сто прожива́ния (го́род):	Дивногра́д
7.	Адрес:	у́лица Го́рького, дом 8, кв. 10
8.	Телефо́н:	333-05-44
9.	Жили́щные усло́вия:	двухко́мнатная кварти́ра
10.	Профе́ссия (до́лжность):	пенсионе́рка (крановщи́ца)
11.	Ме́сто рабо́ты:	
12.	Пе́нсия:	22.000 рублей в ме́сяц (01.09.93)
13.	Образова́ние:	сре́днее
14.	Каки́е языки́ зна́ет:	ру́сский
15.	Кино́:	не хо́дит
16.	Телеви́дение:	все програ́ммы
17.	Спорт:	не интересу́ется
18.	Му́зыка:	лёгкая музыка
19.	Люби́мая литерату́ра:	иллюстри́рованные журна́лы
20.	Други́е интере́сы:	соба́ка (Во́ва)
21.	Во́зраст:	
22.	Вес, рост:	75 кг., 160 см.
23.	Цвет воло́с:	седы́е во́лосы
24.	Цвет глаз	се́рые глаза́
25.	Хара́ктер:	доброду́шный
26.	Люби́мая оде́жда:	хала́т, та́почки
27.	Люби́мая еда́ и напи́тки:	суп с гриба́ми, блины́, чай
28.	Заве́тное жела́ние:	име́ть вну́ков
29.	Распоря́док дня:	Встаёт в шесть часо́в утра́. Пьёт чай с варе́ньем. Выгу́ливает соба́ку. Ча́сто печёт блины́. Лю́бит приглаша́ть сосе́дей к себе́ в го́сти. По́сле обе́да хо́дит по магази́нам. По́сле у́жина смо́трит ра́зные програ́ммы по телеви́зору и́ли до́лго говори́т по телефо́ну со знако́мыми. Ложи́тся спать в 10 часо́в ве́чера.

Приезжа́йте ко мне в го́сти! Сади́тесь на авто́бус №5. Доезжа́йте до у́лицы Че́хова. Мой дом нахо́дится недалеко́ от универма́га.

	N	*G*	*D*	*A*	*I*	*P*
Семёнова		-ой	-ой	-у	-ой	-ой
Ольга		-и	-е	-у	-ой	-е
Ива́новна		-ы	-е	-у	-ой	-е

Анке́та

1.	Фами́лия:	Умно́ва
2.	Имя, о́тчество:	Ли́дия Андре́евна
3.	Национа́льность:	ру́сская
4.	Ме́сто и да́та рожде́ния:	Ни́жний Но́вгород, 18.1.1974г
5.	Семе́йное положе́ние:	не за́мужем
6.	Ме́сто прожива́ния (го́род):	Дивногра́д
7.	Адрес:	у́лица Толсто́го, дом 13, ко́мната 45
8.	Телефо́н:	323-14-15
9.	Жили́щные усло́вия:	ко́мната в общежи́тии
10.	Профе́ссия (до́лжность):	студе́нтка
11.	Ме́сто рабо́ты:	филологи́ческий факульте́т Дивногра́дского университе́та
12.	Стипе́ндия:	8500 рубле́й в ме́сяц (01.09.93)
13.	Образова́ние:	неоко́нченное вы́сшее
14.	Каки́е языки́ зна́ет:	ру́сский, англи́йский
15.	Кино́:	ча́сто хо́дит
16.	Телеви́дение:	ре́дко смо́трит
17.	Спорт:	игра́ет в те́ннис
18.	Му́зыка:	рок
19.	Люби́мая литерату́ра:	ру́сская класси́ческая литерату́ра
20.	Други́е интере́сы:	теа́тр
21.	Во́зраст:	
22.	Вес, рост:	55 кг., 160 см.
23.	Цвет воло́с:	кашта́новые во́лосы
24.	Цвет глаз:	тёмные глаза́
25.	Хара́ктер:	романти́ческий
26.	Люби́мая оде́жда:	блу́зка, сви́тер, джи́нсы
27.	Люби́мая еда́ и напи́тки:	ры́ба, сала́т, со́ки
28.	Заве́тное жела́ние:	вы́йти за́муж за кана́дца
29.	Распоря́док дня:	Встаёт в 7 часо́в утра́. Пьёт сок. Ест бутербро́д с сы́ром. Ле́кции начина́ются в 8:15 утра́ в университе́те. Обе́дает в студе́нческой столо́вой. По́сле обе́да она занима́ется в библиоте́ке. Ухо́дит из университе́та в 7 часо́в ве́чера. Ужин гото́вит сама́ на ку́хне в общежи́тии. Ве́чером хо́дит на дискоте́ку и́ли в кино́.

Приезжа́йте ко мне в го́сти! Сади́тесь на 3-й авто́бус. Доезжа́йте до у́лицы Толсто́го. На́ше общежи́тие нахо́дится ря́дом с кафе́ «Моро́женое».

N	*G*	*D*	*A*	*I*	*P*
Умно́ва	–ой	–ой	–у	–ой	–ой
Ли́дия	–и	–и	–ю	–ей	–и
Андре́евна	–ы	–е	–у	–ой	–е

Анке́та

Make up a plausible biography for the person depicted on the right!

1. Фами́лия:
2. Имя, о́тчество:
3. Национа́льность:
4. Ме́сто и да́та рожде́ния:
5. Семе́йное положе́ние:
6. Ме́сто прожива́ния (го́род):
7. Адрес:
8. Телефо́н:
9. Жили́щные усло́вия:
10. Профе́ссия (до́лжность):
11. Ме́сто рабо́ты:
12. Зарпла́та:
13. Образова́ние:
14. Каки́е языки́ зна́ет:
15. Кино́:
16. Телеви́дение:
17. Спорт:
18. Му́зыка:
19. Люби́мая литерату́ра:
20. Други́е интере́сы:
21. Во́зраст:
22. Вес, рост:
23. Цвет воло́с:
24. Цвет глаз:
25. Хара́ктер:
26. Люби́мая оде́жда:
27. Люби́мая еда́ и напи́тки:
28. Заве́тное жела́ние:
29. Распоря́док дня:

Анке́та

Make up a plausible biography for the person depicted on the right!

1. Фами́лия: _____
2. Имя, о́тчество: _____
3. Национа́льность: _____
4. Ме́сто и да́та рожде́ния: _____
5. Семе́йное положе́ние: _____
6. Ме́сто прожива́ния (го́род): _____
7. А́дрес: _____
8. Телефо́н: _____
9. Жили́щные усло́вия: _____
10. Профе́ссия (до́лжность): _____
11. Ме́сто рабо́ты: _____
12. Зарпла́та: _____
13. Образова́ние: _____
14. Каки́е языки́ зна́ет: _____
15. Кино́: _____
16. Телеви́дение: _____
17. Спорт: _____
18. Му́зыка: _____
19. Люби́мая литерату́ра: _____
20. Други́е интере́сы: _____
21. Во́зраст: _____
22. Вес, рост: _____
23. Цвет воло́с: _____
24. Цвет глаз: _____
25. Хара́ктер: _____
26. Люби́мая оде́жда: _____
27. Люби́мая еда́ и напи́тки: _____
28. Заве́тное жела́ние: _____
29. Распоря́док дня: _____

Additional Questions

Here are some additional questions for working with the preceding biographical sketches of the inhabitants of Divnograd.

1. On the map of Divnograd find where each character lives and works. What part of Divnograd is it in? What transportation goes there?

2. What is located nearby (недалеко́ от) or to the left and right (сле́ва, спра́ва) of the building the character lives in?

3. Write a short story about each character and make up your own details. What are the names and ages of the children, spouses, grandparents? Tell us if the children go to school (where?), what kind of work the spouses or grandparents do, and so forth. Who are their friends? What kind of interests do all these people have? What do our characters like to get for their birthdays? Make up additional information about the lives of the characters (likes and dislikes, etc.).

4. Compose questions about each character (using the thematic material listed in the chapter on the Apartment and the City) that you can ask your classmates. Be prepared to answer the same questions yourself.

   Examples:
   Как ты ду́маешь, Алекса́ндр Ива́нович Шишко́в . . .
   1. . . . хорошо́ учи́лся в шко́ле?
   2. . . . да́рит свое́й жене́ ро́зы на день рожде́ния?
   3. . . . уме́ет гото́вить вку́сные блю́да?
   4. . . . уме́ет печь торт?
   5. . . . ча́сто принима́ет лека́рство?
   6. . . . надева́ет до́ма та́почки?
   7. . . . сам полива́ет цветы́ в гости́ной?
   8. . . . ча́сто смо́трится в зе́ркало?
   9. . . . сам убира́ет посте́ль, когда́ ухо́дит на рабо́ту?
   10. . . . зака́зывает десе́рт в рестора́не?
   11. . . . лю́бит су́шки?
   12. . . . зна́ет, ско́лько сто́ит же́нская блу́зка?
   13. . . . ча́сто хо́дит на ры́нок?
   14. . . . ве́шает на сте́ну календа́рь?
   15. . . . марину́ет помидо́ры? etc.

5. Write a letter to an imaginary acquaintance and tell them about one of the inhabitants of Divnograd that you have just met. Give details about that person and his/her life. Add your impressions about the person after meeting him/her. As a variation on this for classroom use, two students could begin a correspondence about meetings they have had with one or more of the inhabitants of Divnograd, asking each other for further information about a particular inhabitant and adding their own impressions based on the information from their correspondent.

Part 4

Biographical Information
(Reference Materials)

(Анке́ты)

Creating Biographies

On the following pages are several blank forms for creating biographical sketches similar to those of the inhabitants of Divnograd. Use these blank forms in order to interview your friends, relatives or classmates. At the end of the blank forms you will find sample questions and answers which will help you to fill in the forms. You could start by filling in your own biographical data.

Анке́та (1)

1.	Фами́лия:	_____
2.	Имя, о́тчество:	_____
3.	Национа́льность:	_____
4.	Ме́сто и да́та рожде́ния:	_____
5.	Семе́йное положе́ние:	_____
6.	Ме́сто прожива́ния (го́род):	_____
7.	Улица, дом, кварти́ра:	_____
8.	Телефо́н:	_____
9.	Жили́щные усло́вия:	_____
10.	Профе́ссия (до́лжность):	_____
11.	Ме́сто рабо́ты:	_____
12.	Зарпла́та:	_____
13.	Образова́ние:	_____
14.	Каки́ми языка́ми владе́ет:	_____
15.	Кино́:	_____
16.	Телеви́дение:	_____
17.	Спорт:	_____
18.	Му́зыка:	_____
19.	Люби́мая литерату́ра:	_____
20.	Други́е интере́сы:	_____
21.	Во́зраст:	_____
22.	Вес, рост:	_____
23.	Цвет воло́с:	_____
24.	Цвет глаз:	_____
25.	Хара́ктер:	_____
26.	Люби́мая оде́жда:	_____
27.	Люби́мая еда́ и напи́тки:	_____
28.	Заве́тное жела́ние:	_____
29.	Распоря́док дня:	_____

Анке́та (2)

1. Фами́лия: _____
2. Имя, о́тчество: _____
3. Национа́льность: _____
4. Ме́сто и да́та рожде́ния: _____
5. Семе́йное положе́ние: _____
6. Ме́сто прожива́ния (го́род): _____
7. Улица, дом, кварти́ра: _____
8. Телефо́н: _____
9. Жили́щные усло́вия: _____
10. Профе́ссия (до́лжность): _____
11. Ме́сто рабо́ты: _____
12. Зарпла́та: _____
13. Образова́ние: _____
14. Каки́ми языка́ми владе́ет: _____
15. Кино́: _____
16. Телеви́дение: _____
17. Спорт: _____
18. Му́зыка: _____
19. Люби́мая литерату́ра: _____
20. Други́е интере́сы: _____
21. Во́зраст: _____
22. Вес, рост: _____
23. Цвет воло́с: _____
24. Цвет глаз: _____
25. Хара́ктер: _____
26. Люби́мая оде́жда: _____
27. Люби́мая еда́ и напи́тки: _____
28. Заве́тное жела́ние: _____
29. Распоря́док дня: _____
    _____
    _____
    _____
    _____

Анке́та (3)

1.   Фами́лия: _____
2.   Имя, отчество: _____
3.   Национа́льность: _____
4.   Ме́сто и да́та рожде́ния: _____
5.   Семе́йное положе́ние: _____
6.   Ме́сто прожива́ния (го́род): _____
7.   Улица, дом, кварти́ра: _____
8.   Телефо́н: _____
9.   Жили́щные усло́вия: _____
10.   Профе́ссия (до́лжность): _____
11.   Ме́сто рабо́ты: _____
12.   Зарпла́та: _____
13.   Образова́ние: _____
14.   Каки́ми языка́ми владе́ет: _____
15.   Кино́: _____
16.   Телеви́дение: _____
17.   Спорт: _____
18.   Му́зыка: _____
19.   Люби́мая литерату́ра: _____
20.   Други́е интере́сы: _____
21.   Во́зраст: _____
22.   Вес, рост: _____
23.   Цвет воло́с: _____
24.   Цвет глаз: _____
25.   Хара́ктер: _____
26.   Люби́мая оде́жда: _____
27.   Люби́мая еда́ и напи́тки: _____
28.   Заве́тное жела́ние: _____
29.   Распоря́док дня: _____
_____
_____
_____
_____

Анке́та (4)

1.   Фами́лия: _____
2.   Имя, о́тчество: _____
3.   Национа́льность: _____
4.   Ме́сто и да́та рожде́ния: _____
5.   Семе́йное положе́ние: _____
6.   Ме́сто прожива́ния (го́род): _____
7.   Улица, дом, кварти́ра: _____
8.   Телефо́н: _____
9.   Жили́щные усло́вия: _____
10.   Профе́ссия (до́лжность): _____
11.   Ме́сто рабо́ты: _____
12.   Зарпла́та: _____
13.   Образова́ние: _____
14.   Каки́ми языка́ми владе́ет: _____
15.   Кино́: _____
16.   Телеви́дение: _____
17.   Спорт: _____
18.   Му́зыка: _____
19.   Люби́мая литерату́ра: _____
20.   Други́е интере́сы: _____
21.   Во́зраст: _____
22.   Вес, рост: _____
23.   Цвет воло́с: _____
24.   Цвет глаз: _____
25.   Хара́ктер: _____
26.   Люби́мая оде́жда: _____
27.   Люби́мая еда́ и напи́тки: _____
28.   Заве́тное жела́ние: _____
29.   Распоря́док дня: _____
_____
_____
_____
_____

Анке́та (5)

1. Фами́лия: _____
2. Имя, о́тчество: _____
3. Национа́льность: _____
4. Ме́сто и да́та рожде́ния: _____
5. Семе́йное положе́ние: _____
6. Ме́сто прожива́ния (го́род): _____
7. Улица, дом, кварти́ра: _____
8. Телефо́н: _____
9. Жили́щные усло́вия: _____
10. Профе́ссия (Должность): _____
11. Ме́сто рабо́ты: _____
12. Зарпла́та: _____
13. Образова́ние: _____
14. Каки́ми языка́ми владе́ет: _____
15. Кино́: _____
16. Телеви́дение: _____
17. Спорт: _____
18. Му́зыка: _____
19. Люби́мая литерату́ра: _____
20. Други́е интере́сы: _____
21. Во́зраст: _____
22. Вес, рост: _____
23. Цвет воло́с: _____
24. Цвет глаз: _____
25. Хара́ктер: _____
26. Люби́мая оде́жда: _____
27. Люби́мая еда́ и напи́тки: _____
28. Заве́тное жела́ние: _____
29. Распоря́док дня: _____

_____
_____
_____
_____

Анке́та (6)

1.   Фами́лия: _____
2.   Имя, о́тчество: _____
3.   Национа́льность: _____
4.   Ме́сто и год рожде́ния: _____
5.   Семе́йное положе́ние: _____
6.   Ме́сто прожива́ния (го́род): _____
7.   Улица, дом, кварти́ра: _____
8.   Телефо́н: _____
9.   Жили́щные усло́вия: _____
10.   Профе́ссия (до́лжность): _____
11.   Ме́сто рабо́ты: _____
12.   Зарпла́та: _____
13.   Образова́ние: _____
14.   Каки́ми языка́ми владе́ет: _____
15.   Кино́: _____
16.   Телеви́дение: _____
17.   Спорт: _____
18.   Му́зыка: _____
19.   Люби́мая литерату́ра: _____
20.   Други́е интере́сы: _____
21.   Во́зраст: _____
22.   Вес, рост: _____
23.   Цвет воло́с: _____
24.   Цвет глаз: _____
25.   Хара́ктер: _____
26.   Люби́мая оде́жда: _____
27.   Люби́мая еда́ и напи́тки: _____
28.   Заве́тное жела́ние: _____
29.   Распоря́док дня: _____
                                                  _____
                                                  _____
                                                  _____
                                                  _____

Вопро́сы и отве́ты к анке́те

1. **Фами́лия** (surname)
   Кака́я у вас фами́лия?   Моя́ фами́лия Ивано́в.
   Как ва́ша фами́лия?   Моя́ фами́лия Ивано́ва.

2. **Имя, о́тчество** (first name, patronymic)
   Как ва́ше имя?   (Моё и́мя) Юрий.
                                           (Моё и́мя) Ната́лья.
   Как ва́ше отчество?   Моё о́тчество Петро́вич.
                                           Моё о́тчество Петро́вна.
   Как вас зову́т?   Меня́ зову́т Юра.
                                           Меня́ зову́т Ната́ша.

3. **Национа́льность** (nationality)
   Кака́я у вас национа́льность?   Я ру́сский (ру́сская).
   Кака́я ва́ша национа́льность?

   Кто вы по национа́льности?   По национа́льности я ру́сский.
                                           По национа́льности я ру́сская.

4. **Ме́сто и да́та рожде́ния** (place and date of birth)
   Где вы роди́лись?   Я роди́лся/родила́сь в Москве́.
   Когда́ вы роди́лись?   Я роди́лся/родила́сь в 1971 году́.
   Како́го числа́ вы роди́лись?   Я роди́лся/родила́сь 9 ма́я.

5. **Семе́йное положе́ние** (family/marital status)
   Вы жена́ты? (мужчи́на)   Да, я жена́т. (Нет, я не жена́т.)
   Вы за́мужем? (же́нщина)   Да, я за́мужем. (Нет, я не за́мужем.)
   У вас есть де́ти?   Да, у меня́ дочь и сын.

6. **Ме́сто прожива́ния: го́род** (Place of residence: city)
   В како́м го́роде вы живёте?   Я живу́ в Ленингра́де.

7. **Áдрес: у́лица, дом, кварти́ра** (Address: street, building, apartment)
   На како́й у́лице вы живёте?   На у́лице Че́хова.
   Како́й у вас но́мер до́ма?   Дом но́мер 20.
   Како́й у вас но́мер кварти́ры?   Кварти́ра номер 15.
   Како́й у вас а́дрес?   Мой а́дрес у́лица Че́хова,
   Како́й ваш а́дрес?   дом (№) 20, кварти́ра (№) 15.

8. **Телефо́н** (telephone)
   Како́й у вас но́мер телефо́на?   Мой телефо́н 325–03–11.

9. **Жили́щные усло́вия** (living accomodations)

Кака́я у вас кварти́ра?   У меня́ двухко́мнатная кварти́ра.
Ско́лько у вас ко́мнат?   У меня́ две ко́мнаты.

10. **Профе́ссия** (profession)

Кто вы по профе́ссии?   (По профе́ссии) я программи́ст.
Кака́я у вас специа́льность?   Моя́ специа́льность — матема́тика.

11. **Ме́сто рабо́ты** (place of work)

Где вы рабо́таете?   Я рабо́таю в университе́те.

12. **Зарпла́та** (salary)

Ско́лько вы получа́ете (в ме́сяц)? Я получа́ю 40.000 рубле́й в ме́сяц.
Ско́лько вы зараба́тываете?   Я зараба́тываю 40.000 рубле́й.
Кака́я у вас зарпла́та?   (Моя́ зарпла́та) 40.000 рубле́й.

13. **Образова́ние** (education)

Како́е у вас образова́ние?   У меня́ вы́сшее образова́ние.
Где вы учи́лись?   Я учи́лся (учи́лась) в университе́те.
Что вы зако́нчили?   Я зако́нчил(а) институ́т.

14. **Каки́ми языка́ми владе́ет** (languages)

Каки́ми языка́ми вы владе́ете?   Я владе́ю ру́сским и англи́йским.
Каки́е языки́ вы зна́ете?   Я зна́ю ру́сский и англи́йский.

15. **Кино́** (movies, films)

Вы (ча́сто) хо́дите в кино́?   Да, я ча́сто хожу́ в кино́.
                                Нет, я ре́дко хожу́ в кино́.

16. **Телеви́дение** (television)

Вы смо́трите телеви́зор?   Да, я смотрю́ телеви́зор.
Каки́е телевизио́нные програ́ммы   Я смотрю́ спорти́вные програ́ммы.
вы смо́трите?

17. **Спорт** (sport)

Вы занима́етесь спо́ртом?   Да, (я) занима́юсь спо́ртом.
Вы лю́бите спорт?   Да, (я) люблю́ спорт.

18. **Му́зыка** (music)

Вы слу́шаете му́зыку?   Да, я слу́шаю му́зыку.
Вы лю́бите (слу́шать) му́зыку?   Да, я люблю́ слу́шать му́зыку.
Каку́ю му́зыку вы лю́бите   Я люблю́ слу́шать рок-му́зыку.
(слу́шать)?

19. Люби́мая литерату́ра (favourite literature)

Кака́я ва́ша люби́мая
литерату́ра?

Моя́ люби́мая литерату́ра --
нау́чная фанта́стика.

Что вы лю́бите чита́ть?

Я люблю́ чита́ть нау́чную фанта́стику.

Что вы предпочита́ете
чита́ть?

Я предпочита́ю нау́чную
фанта́стику.

20. Други́е интере́сы (other interests)

У вас есть други́е интере́сы?

Да, я люблю́ игра́ть на гита́ре.

У вас есть хо́бби?

Да, я коллекциони́рую ма́рки.

21. Во́зраст (age)

Ско́лько вам лет?

Мне два́дцать лет.

22. Вес, рост (weight, height/size)

Како́й у вас рост?

Мой рост 1 метр 70 сантиме́тров.

Како́го вы ро́ста?

Я сре́днего роста.

Како́й у вас вес?

Мой вес 67 килогра́ммов.

23. Цвет воло́с (colour of hair)

Како́й у вас цвет воло́с?

У меня́ све́тлые во́лосы.

Како́го цве́та у вас во́лосы?

24. Цвет глаз (colour of eyes)

Како́й у вас цвет глаз?

У меня́ си́ние глаза́.

Како́го цве́та у вас глаза́?

У меня́ глаза́ си́него цвета.

25. Сво́йства хара́ктера (personality, character)

Како́й у вас хара́ктер?

У меня́ мя́гкий хара́ктер.

26. Люби́мая оде́жда (favourite clothing)

Кака́я у вас люби́мая оде́жда?

Моя́ люби́мая оде́жда -- джи́нсы.

Кака́я ва́ша люби́мая оде́жда?

Моя́ люби́мая оде́жда -- джи́нсы.

Что вы лю́бите носи́ть?

Я люблю́ носи́ть джи́нсы.

27. Люби́мая еда́ и напи́тки (favourite food and drinks)

Кака́я ва́ша люби́мая еда́
и напи́ток?

Моя́ люби́мая еда́ и напи́ток
карто́шка и чай.

Что вы лю́бите есть и пить?

Я люблю́ есть карто́шку
и пить чай.

28. Заве́тное жела́ние (cherished dream)

Како́е у вас заве́тное жела́ние?

Моё заве́тное жела́ние
путеше́ствовать по Аме́рике.

29. **Распоря́док дня** (daily schedule)

Когда́ вы (обы́чно) встаёте?	Я обы́чно встаю́ в 7 часо́в.
Что вы еди́те на за́втрак?	На за́втрак я ем хлеб с ма́слом.
Когда́ вы уезжа́ете на рабо́ту?	Я уезжа́ю на рабо́ту в 8 часо́в.
Как вы е́здите на рабо́ту?	Я е́зжу на рабо́ту на авто́бусе.
Когда́ вы начина́ете рабо́ту?	Я начина́ю рабо́ту в 8:30.
Где вы (обы́чно) обе́даете?	Я обы́чно обе́даю в столо́вой.
Когда́ вы конча́ете рабо́ту?	Я конча́ю рабо́ту в 5 часо́в.
Кто у вас обы́чно гото́вит у́жин?	Обы́чно гото́вит у́жин жена́ .
Что вы лю́бите есть на у́жин?	На у́жин я люблю́ есть мя́со.
Что вы де́лаете по́сле у́жина?	По́сле у́жина я смотрю́ телеви́зор.
Когда́ вы ложи́тесь спать?	Я ложу́сь спать в 11 часо́в.
Что вы лю́бите де́лать в своё свобо́дное вре́мя?	В своё свобо́дное вре́мя я люблю́ чита́ть и́ли ходи́ть в кино́.

Хара́ктер (character)

хоро́ший	fine, good	плохо́й	bad
прекра́сный	wonderful	скве́рный	nasty
тяжёлый	serious, heavy	общи́тельный	sociable
стра́нный	strange	отврати́тельный	repulsive
сло́жный	complicated	сла́бый	week
тру́дный	difficult	споко́йный	calm
реши́тельный	decisive	трудолюби́вый	hardworking
суро́вый	stern	мя́гкий	soft, gentle
желе́зный	iron, tough	твёрдый	hard, firm
самоуве́ренный	confident	делово́й	businesslike
агресси́вный	agressive	мечта́тельный	dreamy, pensive
легкомы́сленный	frivolous	не́рвный	nervous
доброду́шный	kindly	за́мкнутый	reclusive
романти́ческий	romantic	разгово́рчивый	talkative

Рост (size, build)

сре́днего ро́ста	medium in height	худо́й	thin
невысо́кого ро́ста	short in height	по́лный	stout, heavy
высо́кого ро́ста	tall in height	то́лстый	fat

Жили́щные усло́вия (living conditions)

однокомнатная кварти́ра
двухко́мнатная кварти́ра
трёхко́мнатная кварти́ра
снима́ть ко́мнату (в кварти́ре)
жить в общежи́тии

Глаза́ (eyes)

све́тлые	light	до́брые	kind
тёмные	dark	злы́е	wicked, mean
голубы́е	pale blue	серьёзные	serious
си́ние	dark blue	со́нные	sleepy
ка́рие	brown	холо́дные	cold
се́рые	gray	хи́трые	sly, cunning
чёрные	black, dark	уста́лые	tired
близору́кие	near-sighted		
носи́ть очки́	to wear glasses		

Во́лосы (hair) Борода́ (beard) Усы́ (moustache)

тёмные	dark	дли́нные	long
све́тлые	light, fair	коро́ткие	short
чёрные	black	кудря́вые	curly
кашта́новые	chestnut	прямы́е	straight
ру́сые	ash blonde	волни́стые	wavy
ры́жие	red	лы́сый	bald
седы́е	gray		
брюне́т(ка)	brunette		
блонди́н(ка)	fair-haired, blonde		

Му́зыка (music)

класси́ческая му́зыка	classical music
наро́дная му́зыка	folk music
эстра́дная му́зыка	variety show music
поп–му́зыка	pop music
джаз	jazz
рок–му́зыка	rock music
о́пера	opera

Спорт (sports)

футбо́л	football	аэро́бика	aerobics
хокке́й	hockey	культури́зм	bodybuilding
волейбо́л	volleyball	бег	jogging
баскетбо́л	basketball	те́ннис	tennis
бе́гать	to run, jog		
лёгкая атле́тика	track and field (light athletics)		
ката́ться на лы́жах		to ski (cross-country)	
ката́ться на конька́х		to skate	

Кино́ (films, movies)

фильм у́жасов	horror film
нау́чная фанта́стика	science fiction
приключе́нческий фильм	adventure film (thriller)
музыка́льный фильм	musical film
детекти́вный фильм	detective film
иностра́нные фильмы	foreign films

Литерату́ра (literature)

худо́жественная литерату́ра	(fictional) literature
класси́ческая литерату́ра	classical literature
нау́чно-фантасти́ческая литерату́ра	science fiction literature
детекти́вы	detective fiction
приключе́нческая литерату́ра	adventure fiction
де́тская литерату́ра	children's literature
романти́ческая литерату́ра	romantic literature
истори́ческая литерату́ра	historical literature

Заве́тное жела́ние (cherished dream)

путеше́ствовать по Аме́рике	travel around America
по Евро́пе	Europe
по Росси́и	Russia
по Азии	Asia
по Африке	Africa
стать вели́ким арти́стом (арти́сткой)	become a great performer
актёром (актри́сой)	actor
худо́жником	artist
писа́телем	writer
музыка́нтом	musician
спортсме́ном	athlete
жени́ться на краси́вой де́вушке	marry a beautiful girl
умной де́вушке	smart girl
доброй девушке	kind girl
бога́той де́вушке	rich girl
вы́йти за́муж за краси́вого мужчи́ну	marry a handsome man
у́много мужчи́ну	smart man
до́брого мужчи́ну	kind man
бога́того мужчи́ну	rich man

Оде́жда (clothing)

костю́м	suit	пла́тье	dress
джи́нсы	jeans	ю́бка	skirt
футбо́лка	T-shirt	блу́зка	blouse
кроссо́вки	running shoes	шо́рты	shorts
сви́тер	sweater	пуло́вер	sweater
спорти́вный костю́м		track suit, sweat suit	
ту́фли на высо́ких (ни́зких) каблука́х		high- (low-) heeled shoes	

Еда́ и напи́тки (food and drinks)

хлеб	bread	молоко́	milk
мя́со	meat	вода́	water
ры́ба	fish	чай	tea
ку́рица	chicken	ко́фе	coffee
колбаса́	sausage	лимона́д	soft drink
соси́ски	wieners	пе́пси	pepsi
суп	soup	ко́ка-ко́ла	coca cola
борщ	borscht	кефи́р	buttermilk
щи	cabbage soup	пи́во	beer
бульо́н	bouillon	вино́	wine
карто́шка	potatoes	во́дка	vodka
капу́ста	cabbage	ви́ски	whisky
свёкла	beets	портве́йн	port
морко́вь	carrots	конья́к	cognac
горо́х	peas	квас	kvas
огур(е́)ц (ы́)	cucumber, pickle	сок	juice
помидо́р (ы)	tomato		
зе́лень	greens, salad		
сала́т	salad	моро́женое	ice cream
макаро́ны	macaroni	пиро́жное	pastry
рис	rice	торт (ы)	torte, cake
о́вощи	vegetables	конфе́ты	candies
фру́кты	fruit		
я́блоко (и)	apple		
пе́рсик (и)	peach		
гру́ша (и)	pear		
сли́ва (ы)	plum		
ви́шня (и)	cherry		
апельси́н (ы)	orange		
лимо́н (ы)	lemon		
бана́н (ы)	banana		

Additional Notes

Part 5

Daily Schedule

(Распоря́док дня)

Daily Schedule

Expressions and Additional Vocabulary

просыпа́ться/просну́ться	to wake up
встава́ть/встать	to get up
умыва́ться/умы́ться	to wash
чи́стить/почи́стить зу́бы	to clean (your) teeth
бри́ться/побри́ться	to shave
за́втракать/поза́втракать	to eat breakfast
одева́ться/оде́ться	to get dressed
е́здить/е́хать на рабо́ту	to go to work
приходи́ть/прийти́ на рабо́ту	to arrive at work
начина́ть/нача́ть рабо́ту	to start work
конча́ть/ко́нчить рабо́ту	to finish work
возвраща́ться/верну́ться домо́й	to return home
у́жинать/поу́жинать	to eat supper
отдыха́ть/отдохну́ть	to rest, relax
раздева́ться/разде́ться	to get undressed
ложи́ться/лечь спать	to go to bed
засыпа́ть/засну́ть	to fall asleep

Questions

1. Во ско́лько вы обы́чно просыпа́етесь у́тром?
2. Во ско́лько вы обы́чно встаёте у́тром?
3. Во ско́лько вы обы́чно за́втракаете?
4. Во ско́лько вы обы́чно ухо́дите на рабо́ту?
5. Когда́ вы обы́чно начина́ете рабо́ту?
6. Когда́ вы обы́чно конча́ете рабо́ту?
7. Когда́ вы обы́чно прихо́дите домо́й с рабо́ты?
8. Когда́ вы обы́чно у́жинаете?
9. Что вы де́лаете по́сле у́жина?
10. Во ско́лько вы обы́чно ложи́тесь спать?
11. Relate the entire preceding series of events, but use the past perfective tense to say at what time you did everything yesterday. "Вчера́ я . . . "
12. Relate the entire preceding series of events, but use the future perfective tense to say at what time you will do everything tomorrow. "Завтра я . . . "
13. Relate the entire preceding series of events, but use the past imperfective tense to say at what time you used to do everything. "Ра́ньше я . . . "

Распоря́док дня

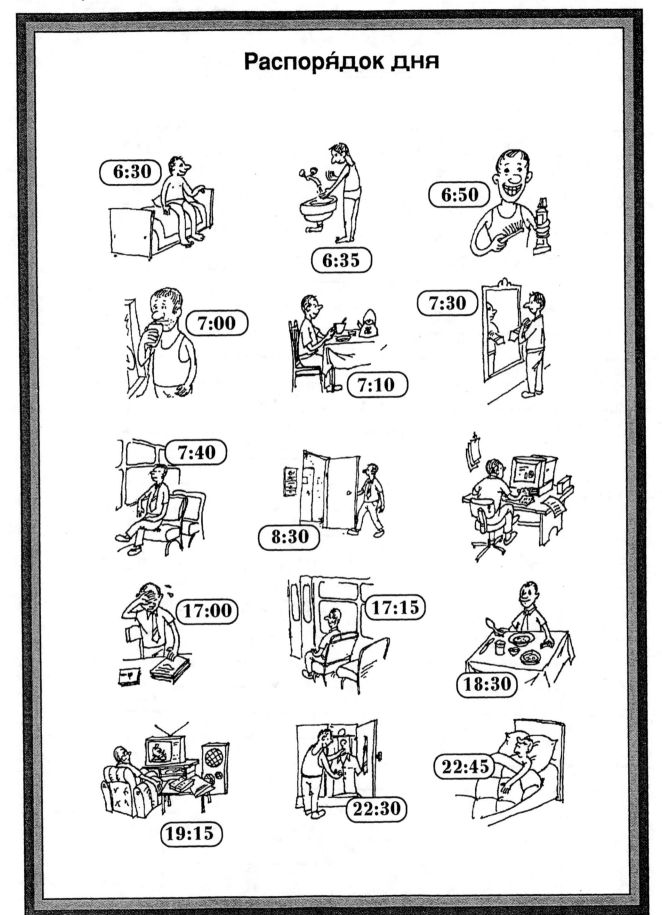

Additional Notes

_____

_____

_____

_____

_____

_____

_____

_____

_____

_____

_____

_____

_____

_____

_____

_____

_____

_____

_____

_____

_____

_____

Part 6

Grammar Exercises

(Упражне́ния по грамма́тике)

Nominative Case – 1 (Кварти́ра)

A. In the left-hand column is a list of typical articles which may be found in an apartment. In the right-hand column, opposite each article, enter the name of the room or rooms associated with that article.

	предме́т		ко́мната?
ex.	стол		ку́хня, гости́ная

1. дива́н
2. шкаф
3. ра́ковина
4. плита́
5. посте́ль
6. телеви́зор
7. посу́да
8. крова́ть
9. мы́ло
10. ча́йник
11. стул
12. кре́сло
13. нож
14. ковёр
15. зе́ркало
16. туале́тная бума́га
17. холоди́льник
18. оде́жда
19. душ
20. окно́

1. _____
2. _____
3. _____
4. _____
5. _____
6. _____
7. _____
8. _____
9. _____
10. _____
11. _____
12. _____
13. _____
14. _____
15. _____
16. _____
17. _____
18. _____
19. _____
20. _____

B. Taking turns, someone first names an article in Russian and then someone else must answer by naming the room(s) where that article may be found.
    Стол? . . . Ку́хня!
C. Repeat the exercise by first naming a room and then the name of an article which can be found there.
    Ку́хня? . . . Стол!

Nominative Case – 2 (Го́род)

A. In the left-hand column is a list of typical items which may be purchased in various stores. In the right-hand column, opposite the names, enter in Russian the name of the store or department, where the item may be purchased.

	предме́т	магази́н?
ex.	ры́ба	гастроно́м

1. хлеб
2. молоко́
3. сыр
4. телеви́зор
5. ту́фли
6. мя́со
7. сок
8. ко́фе
9. газе́та
10. капу́ста
11. ви́лка
12. торт
13. карто́фель
14. ча́йник
15. журна́л
16. ку́ртка
17. колбаса́
18. кекс
19. ша́пка
20. табле́тки

1. _____
2. _____
3. _____
4. _____
5. _____
6. _____
7. _____
8. _____
9. _____
10. _____
11. _____
12. _____
13. _____
14. _____
15. _____
16. _____
17. _____
18. _____
19. _____
20. _____

B. Taking turns, someone randomly names an article in Russian from the above list and then someone else must say where that article may be purchased.
　　　Ры́ба? . . . Гастроно́м!

C.   Repeat the exercise by first naming a store and then the name of an item which can be purchased there.
　　　Гастроно́м? . . . Ры́ба!

Nominative Case – 3 (Дивногра́дцы)

A. In the left-hand column make a list in Russian of all the characters living in Divnograd. In the right-hand column, opposite the names, enter their professions in Russian. You may omit the patronymic if you wish.

	имя (о́тчество) фами́лия	Кто он(а)?
ex.	Алекса́ндр (Серге́евич) Шишко́в	спортсме́н
1.	*Василий Иванович Алапаев*	*тренер*
2.	*Светлана Викторовна Антова*	*врач*
3.	*Марк Моисеевич Бомбейский*	*писатель*
4.	*Людмила Владимировна Бочкова*	*продавщица*
5.	*Ашот Александрович Варданян*	*водитель такси*
6.	*Рахим Кабирович Галиуллин*	*программист*
7.	*Игорь Петрович Галушкин*	*журналист*
8.	*Виктор Николаевич Дорохович*	*химик, доктор химических наук*
9.	*Иван Иванович Иванов*	*тракторист*
10.	*Роберт Васильевич Контактов*	*экономист*
11.		
12.		
13.		
14.		
15.		
16.		
17.		
18.		
19.		
20.		

B. Taking turns, someone first names a character from the above list and then someone else must say what his or her profession is.

Кто Алекса́ндр Шишко́в? . . . Александр Шишко́в спортсме́н.

C. Repeat the exercise by first naming a profession and then the identity of the character.

Кто спортсме́н? . . . Алекса́ндр Шишко́в спортсме́н.

Accusative Case - 1 (Кварти́ра)

A. From the left-hand column select a noun that fits logically with a verb in the
    middle column and enter that noun (in the accusative case!) in the right-hand
    column beside the correct verb. Some nouns may be used with several verbs.

ex. фильм   смотре́ть   <u>фильм</u>

1. мя́со   1. смотре́ть   _____
2. суп   2. смотре́ть   _____
3. хлеб   3. чита́ть   _____
4. сок   4. чита́ть   _____
5. молоко́   5. чита́ть   _____
6. телеви́зор   6. слу́шать   _____
7. ко́фе   7. чи́стить   _____
8. карто́шка   8. ре́зать   _____
9. ви́део   9. жа́рить   _____
10. журна́л   10. жа́рить   _____
11. сувени́р   11. жа́рить   _____
12. бельё   12. покупа́ть   _____
13. сала́т   13. гото́вить   _____
14. газе́та   14. зава́ривать   _____
15. о́вощи   15. вари́ть   _____
16. обе́д   16. вари́ть   _____
17. капу́ста   17. стира́ть   _____
18. чай   18. есть   _____
19. му́зыка   19. пить   _____
20. кни́га   20. пить   _____

B. Taking turns, the first person names an item in Russian, the second person
    provides an infinitive that fits with the noun, the third person asks a question
    with "кто?" and finally the fourth person replies with "я".
    1. Вот фильм.
    2. смотре́ть
    3. Кто смо́трит фильм?
    4. Я смотрю́ фильм.
C. Repeat the exercise by adding the correct form of the special adjective "э́то"
    (in the accusative case!) before the noun.

Accusative Case – 2 (Го́род)

A. In the left-hand column is a list of stores. In the right-hand column, opposite the names, enter in Russian the name of an item that you are buying there. Remember to use the accusative case!

магази́н   Там я покупа́ю . . .

ex.   гастроно́м   сыр

	магази́н		Там я покупа́ю . . .
1.	бу́лочная	1.	_____
2.	бу́лочная	2.	_____
3.	магази́н «Молоко́»	3.	_____
4.	магази́н «Молоко́»	4.	_____
5.	рестора́н	5.	_____
6.	рестора́н	6.	_____
7.	кио́ск	7.	_____
8.	кио́ск	8.	_____
9.	конди́терская	9.	_____
10.	конди́терская	10.	_____
11.	гастроно́м	11.	_____
12.	гастроно́м	12.	_____
13.	гастроно́м	13.	_____
14.	гастроно́м	14.	_____
15.	универма́г (же́нская оде́жда)	15.	_____
16.	универма́г (мужска́я оде́жда)	16.	_____
17.	универма́г (посу́да)	17.	_____
18.	универма́г (электротова́ры)	18.	_____
19.	апте́ка	19.	_____
20.	апте́ка	20.	_____

B. Taking turns, someone randomly names a store in Russian from the above list and then someone else must say what they are buying there.

Гастроно́м?

Там я покупа́ю сыр.

C. Repeat the exercise by asking someone where they are going and adding the name of an item. They must name correct store based on the name of the item.

Куда́ вы идёте? (сыр)

Я иду́ в гастроно́м.

Accusative Case – 3 (Дивногра́дцы)

A. In the left-hand column make a list in Russian of all the characters living in Divnograd. In the right-hand column, opposite the names, enter the correct answer to the question. Don't forget to use the accusative case!

и́мя (о́тчество) фами́лия	Что он(а́) лю́бит носи́ть?
ex. Алекса́ндр (Серге́евич) Шишко́в	(Он лю́бит носи́ть) джи́нсы.

1. _____	1. _____
2. _____	2. _____
3. _____	3. _____
4. _____	4. _____
5. _____	5. _____
6. _____	6. _____
7. _____	7. _____
8. _____	8. _____
9. _____	9. _____
10. _____	10. _____
11. _____	11. _____
12. _____	12. _____
13. _____	13. _____
14. _____	14. _____
15. _____	15. _____
16. _____	16. _____
17. _____	17. _____
18. _____	18. _____
19. _____	19. _____
20. _____	20. _____

B. Taking turns, someone first names a character from the above list and then someone else must say what he or she likes to wear.

Что лю́бит носи́ть Алекса́ндр Шишко́в?

Алекса́ндр Шишко́в лю́бит носи́ть джи́нсы.

C. Repeat the exercise by first naming an article of clothing and then the person.

Кто лю́бит носи́ть джи́нсы?

Джи́нсы лю́бит носи́ть Алекса́ндр Шишко́в.

Prepositional Case – 1 (Кварти́ра)

A. In the left-hand column is a series of items which can be found in an apartment. Using the prepositional case, first identify in what room (or rooms) that item may be found, and then, if possible, where specifically in that room. (e.g., на столе́, на полу́, на стене́, в шкафу́, на по́лке, в углу́, etc.)

ex. телеви́зор   в гости́ной, в углу́

1. проду́кты   1. _____
2. газе́ты   2. _____
3. бельё   3. _____
4. ковёр   4. _____
5. ло́жка   5. _____
6. сковоро́дка   6. _____
7. карти́на   7. _____
8. календа́рь   8. _____
9. радиоприёмник   9. _____
10. торше́р   10. _____
11. плита́   11. _____
12. туале́тная бума́га   12. _____
13. кассе́ты   13. _____
14. оде́жда   14. _____
15. ска́терть   15. _____
16. стира́льный порошо́к 16. _____
17. цветы́   17. _____

B. Taking turns, the first student asks in what room a specific item is located. The second student answers. Then the first student asks where specifically in the room that object is located. The second student names the specific location in the room.

В како́й ко́мнате нахо́дится телеви́зор?
--Телеви́зор нахо́дится в гости́ной.
Где нахо́дится телеви́зор в гости́ной?
--В гости́ной телеви́зор нахо́дится в углу́.

C. Repeat the exercise by reversing the above order.

Что нахо́дится в углу́ в гости́ной?

Prepositional Case - 2 (Го́род)

A. In the left-hand column is a list of items which may be purchased in various stores. In the right-hand column, opposite each of these items, enter the name of the store where it can be purchased. Use the prepositional case!

	предме́т	бу́лочная
ex.	бато́н	(Я покупа́ю бато́н) в бу́лочной.

1. кефи́р   1. _____
2. соси́ски   2. _____
3. пече́нье   3. _____
4. сок   4. _____
5. брю́ки   5. _____
6. утю́г   6. _____
7. журна́л   7. _____
8. бинт   8. _____
9. торт   9. _____
10. свёкла   10. _____
11. я́блоки   11. _____
12. чай   12. _____
13. са́хар   13. _____
14. капу́ста   14. _____
15. су́шки   15. _____
16. носки́   16. _____
17. посу́да   17. _____
18. таре́лки   18. _____
19. макаро́ны   19. _____
20. значки́   20. _____

B. Taking turns, someone randomly names an item from the above list and then someone else must say in what store it can be bought.

     Где вы покупа́ете бато́н?

     Я покупа́ю бато́н в бу́лочной.

C. Repeat the exercise by asking someone what they are buying in a store and they must answer with the correct item.

     Что вы покупа́ете в бу́лочной?

     В бу́лочной я покупа́ю бато́н.

Prepositional Case - 3 (Дивногра́дцы)

A. In the left-hand column enter the names of the Divnogradians. Opposite each name in the right-hand column enter the city in which they were born. Don't forget to use the prepositional case!

и́мя (о́тчество) фами́лия   Где роди́лся/родила́сь . . . ?

ex. Алекса́ндр (Серге́евич) Шишко́в   Алекса́ндр Шишко́в роди́лся в Москве́.

1. *Василий Иванович Алапаев* 1. *Василий Алапаев родился в Москве.*
2. *Светлана Викторовна Антонова* 2. *Светлана Антонова родилась в Волгограде.*
3. *Марк Моисеевич Бомбейский* 3. *Марк Бомбейский родился в Одессе.*
4. *Людмила Владимировна Бочкова* 4. *Людмила родилась в деревне Дивинке.*
5. *Ашот Александрович Варданян* 5. *Ашот родился в Ереване.*
6. *Рахим Кабирович Галиуллин* 6. *Рахим родился в Казане.*
7. *Игорь Петрович Галушкин* 7. *Игорь родился в Самаре.*
8. *Виктор Николаевич Дорохович* 8. *Виктор родился в Минске.*
9. *Иван Иванович Иванов* 9. *Иван Иванов родился в деревне Дивинке.*
10. *Роберт Васильевич Котактов* 10. *Роберт родился в Москве.*
11. _____
12. _____
13. _____
14. _____
15. _____
16. _____
17. _____
18. _____
19. _____
20. _____

B. Taking turns, someone randomly selects a character from the above list and asks where he/she was born.

    Где (в како́м го́роде) роди́лся Алекса́ндр Шишко́в?

    Алекса́ндр Шишко́в роди́лся в Москве́.

C. Repeat the exercise by first naming a location and then the person's identity.

    Кто роди́лся в Москве́?

    В Москве́ роди́лся Алекса́ндр Шишко́в.

Genitive Case - 1 (Го́род/Дивногра́дцы)

A. In the left-hand column enter the names of the Divnogradians. Using a genitive case preposition (e.g., о́коло, недалеко́ от, напро́тив) identify the position of each person's home relative to a subway station on the map of Divnograd.

и́мя (о́тчество) фами́лия

ex. Алекса́ндр Шишко́в

Около како́й ста́нции метро́ нахо́дится ...?
Его́ дом нахо́дится о́коло ста́нции метро́ «Университе́т».

1. _____ 1. _____
2. _____ 2. _____
3. _____ 3. _____
4. _____ 4. _____
5. _____ 5. _____
6. _____ 6. _____
7. _____ 7. _____
8. _____ 8. _____
9. _____ 9. _____
10. _____ 10. _____
11. _____ 11. _____
12. _____ 12. _____
13. _____ 13. _____
14. _____ 14. _____
15. _____ 15. _____
16. _____ 16. _____
17. _____ 17. _____
18. _____ 18. _____
19. _____ 19. _____
20. _____ 20. _____

B. Taking turns, the first person asks about the location of a person's home. The second person answers by describing the location of the person's home relative to a prominent building using one of the prepositions with the genitive case.
Где нахо́дится дом Шишко́ва?
Дом Шишко́ва нахо́дится о́коло теа́тра.

C. Repeat the exercise by asking whose house is situated at a certain location.
Чей дом нахо́дится о́коло теа́тра?
Около теа́тра нахо́дится дом Шишко́ва.

Genitive Case - 2 (Магази́ны)

A. In the left-hand column is a grocery list. Opposite each item in the middle column enter the normal state price (per kilo, etc.). In brackets in the right-hand column is the amount you are buying. Enter how much you have to pay.

ex.   проду́кт   цена́   Ско́лько сто́ит . . . ?

      клубни́ка   900 р/кг.   (0,5 кг.) 450 р.

	продукт	цена	Сколько стоит . . . ?
1.	кефи́р	1. _____	1. (2 бут.) _____
2.	соси́ски	2. _____	2. (1,5 кг.) _____
3.	колбаса́	3. _____	3. (0,5 кг.) _____
4.	молоко́	4. _____	4. (3 бут.) _____
5.	хлеб (чёрный)	5. _____	5. (полбуха́нки) _____
6.	капу́ста	6. _____	6. (2,0 кг.) _____
7.	карто́фель	7. _____	7. (3,0) _____
8.	я́йца	8. _____	8. (20 шт.) _____
9.	торт	9. _____	9. (2 шт.) _____
10.	свёкла	10. _____	10. (2,0 кг.) _____
11.	я́блоки	11. _____	11. (4,0 кг.) _____
12.	чай	12. _____	12. (100 гр.) _____
13.	са́хар	13. _____	13. (500 гр.) _____
14.	огурцы́	14. _____	14. (2,5 кг) _____
15.	ма́сло	15. _____	15. (0,5 кг.) _____
16.	макаро́ны	16. _____	16. (0,5 кг.) _____
17.	рис	17. _____	17. (0,5 кг.) _____
18.	ры́ба	18. _____	18. (1,5 кг.) _____
19.	варе́нье	19. _____	19. (2 банки) _____
20.	соль	20. _____	20. (0,5 кг.) _____

B. The first person randomly names an item from the above list. The second person gives the price per kilo, etc. The third person gives the price to be paid for the desired amount.

     Ско́лько сто́ит клубни́ка?

     Килогра́мм клубни́ки сто́ит 900 рубле́й.

     Полкилогра́мма клубни́ки сто́ит 450 рубле́й.

C. The exercise may be repeated by devising new amounts and new prices.

     Если буты́лка молока́ сто́ит 80 рубле́й, то ско́лько сто́ят 2 буты́лки?

Genitive Case - 3 (Го́род/Кварти́ра)

A. In the left-hand column is a list of questions which require the use of numbers. In the right-hand column, opposite each of these questions, enter the correct number. Remember to use the right case (usually genitive) and gender with the noun.

ex.   Ско́лько школ в Дивногра́де?   В Дивногра́де две шко́лы.

1. Ско́лько домо́в на у́лице Скря́бина?   1. _____
2. Ско́лько ста́нций метро́ в Дивногра́де?   2. _____
3. Ско́лько кафе́ в Дивногра́де?   3. _____
4. Ско́лько у́лиц в Дивногра́де?   4. _____
5. Ско́лько проспе́ктов в Дивногра́де?   5. _____
6. Ско́лько переу́лков в Дивногра́де?   6. _____
7. Ско́лько гастроно́мов в Дивногра́де?   7. _____
8. Ско́лько кио́сков в Дивногра́де?   8. _____
9. Ско́лько бу́лочных в Дивногра́де?   9. _____
10. Ско́лько шкафо́в в кварти́ре?   10. _____
11. Ско́лько зерка́л в кварти́ре?   11. _____
12. Ско́лько столо́в в кварти́ре?   12. _____
13. Ско́лько ковро́в в кварти́ре?   13. _____
14. Ско́лько о́кон в кварти́ре?   14. _____
15. Ско́лько ко́мнат в кварти́ре?   15. _____
16. Ско́лько ра́ковин в кварти́ре?   16. _____
17. Ско́лько ламп в кварти́ре?   17. _____
18. Ско́лько сту́льев в кварти́ре?   18. _____
19. Ско́лько батаре́й в кварти́ре?   19. _____
20. Ско́лько этаже́й в э́том до́ме?   20. _____

B. Each student should make up a question about an object or place that is not mentioned in the preceding exercise and ask another student to give the answer.

Prefixed Verbs of Motion - (1) (Дивногра́дцы)

A. In the left-hand column enter the names of the Divnogradians. In the right-hand column opposite each name enter what time they arrive at work and then leave from work. Note the use of the prefixed verbs of motion.

кто? и́мя (о́тчество) фами́лия	приходи́ть/уходи́ть
ex.　А. Шишко́в	А. Шишко́в прихо́дит на рабо́ту в 8 часо́в. и ухо́дит домо́й в 6 часо́в.
1. _____	1. _____
2. _____	2. _____
3. _____	3. _____
4. _____	4. _____
5. _____	5. _____
6. _____	6. _____
7. _____	7. _____
8. _____	8. _____
9. _____	9. _____
10. _____	10. _____
11. _____	11. _____
12. _____	12. _____
13. _____	13. _____

14. _____   14. _____
_____

15. _____   15. _____
_____

16. _____   16. _____
_____

17. _____   17. _____
_____

18. _____   18. _____
_____

19. _____   19. _____
_____

20. _____   20. _____
_____

B. Selecting a name at random the first person asks at what time that person leaves for work and then returns home from work.

> Когда́ прихо́дит на рабо́ту Алекса́ндр Шишко́в?
> Алекса́ндр Шишко́в прихо́дит на рабо́ту в 8 часо́в.
> Когда́ ухо́дит домо́й с рабо́ты Алекса́ндр Шишко́в?
> Алекса́ндр Шишко́в ухо́дит домо́й с рабо́ты в 6 часо́в.

C. Repeat the exercise by first asking at what time someone goes to work, or returns from work. The next person has to guess the identity of the person.

> Кто обы́чно прихо́дит на рабо́ту в 8 часо́в?
> В 8 часо́в обы́чно прихо́дит на рабо́ту Алекса́ндр Шишко́в.

D. Repeat exercises A, B and C, but pose the questions and give the answers in the past perfective, using the perfective verbs уйти́ and прийти́.

> Когда́ вчера́ ушёл на рабо́ту Алекса́ндр Шишко́в?
> Алекса́ндр Шишко́в вчера́ пришёл на рабо́ту в 8 часо́в.
> Когда́ вчера́ ушёл домо́й с рабо́ты Алекса́ндр Шишко́в?
> Алекса́ндр Шишко́в вчера́ ушёл домо́й с рабо́ты в 6 часо́в.

E. Repeat exercises A, B and C, but pose the questions and give the answers in the future perfective, using the perfective infinitives уйти́ and прийти́.

> Когда́ за́втра придёт на рабо́ту Алекса́ндр Шишко́в?
> Алекса́ндр Шишко́в за́втра придёт на рабо́ту в 8 часо́в.
> Когда́ за́втра уйдёт домо́й с рабо́ты Алекса́ндр Шишко́в?
> Алекса́ндр Шишко́в за́втра уйдёт домо́й с рабо́ты в 6 часо́в.

Dative Case - 1 (Дивногра́дцы)

A. In the left-hand column enter a question about the age of a character. In the right-hand column, opposite each of these questions, enter the correct answer using the pronoun form. Don't forget the dative case!

кому́?   ему́/ей
ex. Ско́лько лет Алекса́ндру Шишко́ву?   Ему́ 26 лет.

1. _____   1. _____
2. _____   2. _____
3. _____   3. _____
4. _____   4. _____
5. _____   5. _____
6. _____   6. _____
7. _____   7. _____
8. _____   8. _____
9. _____   9. _____
10. _____   10. _____
11. _____   11. _____
12. _____   12. _____
13. _____   13. _____
14. _____   14. _____
15. _____   15. _____
16. _____   16. _____
17. _____   17. _____
18. _____   18. _____
19. _____   19. _____
20. _____   20. _____

B. Taking turns, someone asks a random question about the age of a specific character and someone gives the correct answer using the pronoun form.
Ско́лько лет Алекса́ндру Шишко́ву?
Ему́ 26 лет.

C. Repeat the exercise by asking which character is a certain age.
Кому́ 26 лет?
Алекса́ндру Шишко́ву 26 лет.

Dative Case - 2 (Го́род)

A. Enter the correct form of the noun in parentheses into the blanks on the right–
hand side. Don't forget to use the dative case here after the preposition "по".

По каки́м места́м?

ex.   Я е́здил(а) по . . .   Ло́ндону

1. Я е́здил(а) по . . . (го́род)   1. _____
2. Я е́здил(а) по . . . (Москва́)   2. _____
3. Я е́здил(а) по . . . (Санкт-Петербу́рг)   3. _____
4. Я е́здил(а) по . . . (Ки́ев)   4. _____
5. Я е́здил(а) по . . . (Каза́нь)   5. _____
6. Я е́здил(а) по . . . (Ни́жний Но́вгород)   6. _____
7. Я е́здил(а) по . . . (Сама́ра)   7. _____
8. Я е́здил(а) по . . . (Екатери́нбург)   8. _____
9. Я е́здил(а) по . . . (Минск)   9. _____
10. Я е́здил(а) по . . . (Новосиби́рск)   10. _____
11. Я путеше́ствовал(а) по . . (Аме́рика)   11. _____
12. Я путеше́ствовал(а) по . . (Кана́да)   12. _____
13. Я путеше́ствовал(а) по . . (Англия)   13. _____
14. Я путеше́ствовал(а) по . . (Великобрита́ния)   14. _____
15. Я путеше́ствовал(а) по . . (Росси́я)   15. _____
16. Я путеше́ствовал(а) по . . (Фра́нция)   16. _____
17. Я путеше́ствовал(а) по . . (Герма́ния)   17. _____
18. Я путеше́ствовал(а) по . . (Ита́лия)   18. _____
19. Я путеше́ствовал(а) по . . (Испа́ния)   19. _____
20. Я путеше́ствовал(а) по . . (Евро́па)   20. _____

B. Taking turns, someone asks the next person where he or she has travelled.

Куда́ вы е́здили (где вы путеше́ствовали) в про́шлом году́?

Я е́здил(а) (путеше́ствовал(а)) по Евро́пе.

C. Repeat the exercise by asking a question which the second person must
answer in the negative and then provide a correct answer.

Вы путеше́ствовали по Аме́рике?

Нет, я путеше́ствовал(а) по Евро́пе.

Instrumental Case - 1 (Дивногра́дцы)

A. In the left-hand column enter the names of the Divnogradians. In the right-hand column opposite each name enter some activity or pastime that they are interested in (sports, music, etc.). Don't forget to use the instrumental case!

	кто?		интересова́ться (чем)
ex.	А. Шишко́в		А. Шишко́в интересу́ется спо́ртом.
1.		1.	
2.		2.	
3.		3.	
4.		4.	
5.		5.	
6.		6.	
7.		7.	
8.		8.	
9.		9.	
10.		10.	
11.		11.	
12.		12.	
13.		13.	
14.		14.	
15.		15.	
16.		16.	
17.		17.	
18.		18.	
19.		19.	
20.		20.	

B. Selecting a name at random the first person asks about what someone is interested in and then the second person must identify that interest.
Чем интересу́ется Алекса́ндр Шишко́в?
Алекса́ндр Шишко́в интересу́ется спо́ртом.

C. Repeat the exercise by first asking who is interested in something.
Кто интересу́ется спо́ртом?
Спо́ртом интересу́ется Алекса́ндр Шишко́в.

Instrumental Case - 2 (Магази́ны)

A. In the left-hand column is a list of stores where you went to buy something. In the right-hand column, opposite each store, enter the name of an item (in the instrumental case) which you may have bought there.

	куда́?	за чем?
ex.	в гастроно́м	за ры́бой

1. Я сходи́л(а) в бу́лочную за . . .   1. _____
2. Я сходи́л(а) в бу́лочную за . . .   2. _____
3. Я сходи́л(а) в бу́лочную за . . .   3. _____
4. Я сходи́л(а) в магази́н «Молоко́» за . . .   4. _____
5. Я сходи́л(а) в моло́чную за . . .   5. _____
6. Я сходи́л(а) в моло́чную за . . .   6. _____
7. Я сходи́л(а) в конди́терскую за . . .   7. _____
8. Я сходи́л(а) в конди́терскую за . . .   8. _____
9. Я сходи́л(а) в гастроно́м за . . .   9. _____
10. Я сходи́л(а) в гастроно́м за . . .   10. _____
11. Я сходи́л(а) в гастроно́м за . . .   11. _____
12. Я сходи́л(а) в гастроно́м за . . .   12. _____
13. Я сходи́л(а) в гастроно́м за . . .   13. _____
14. Я сходи́л(а) в гастроно́м за . . .   14. _____
15. Я сходи́л(а) в универма́г за . . .   15. _____
16. Я сходи́л(а) в универма́г за . . .   16. _____
17. Я сходи́л(а) в универма́г за . . .   17. _____
18. Я сходи́л(а) в универма́г за . . .   18. _____
19. Я сходи́л(а) в универма́г за . . .   19. _____
20. Я сходи́л(а) в апте́ку за . . .   20. _____

B. Taking turns, someone randomly names a store from the above list and then someone else must say what they went there to purchase.

За чем вы сходи́ли в гастроно́м?

Я сходи́л в гастроно́м за ры́бой.

C. Repeat the exercise by first asking where you had to go to buy something.

Куда́ вы сходи́ли за ры́бой?

Я сходи́л(а) за ры́бой в гастроно́м.

Instrumental Case - 3 (Дивногра́дцы)

A. In the left-hand column make a list in Russian of all the characters living in Divnograd. In the right-hand column, opposite the names, enter their professions in Russian. You may omit the patronymic if you wish.

имя (о́тчество) фами́лия   Кем он(а́) рабо́тает?
ex. Алекса́ндр (Серге́евич) Шишко́в   Он рабо́тает журнали́стом.

1. _____	1. _____
2. _____	2. _____
3. _____	3. _____
4. _____	4. _____
5. _____	5. _____
6. _____	6. _____
7. _____	7. _____
8. _____	8. _____
9. _____	9. _____
10. _____	10. _____
11. _____	11. _____
12. _____	12. _____
13. _____	13. _____
14. _____	14. _____
15. _____	15. _____
16. _____	16. _____
17. _____	17. _____
18. _____	18. _____
19. _____	19. _____
20. _____	20. _____

B. Taking turns, someone randomly selects a person from the above list and asks about his work. The next person must identify the person's work.

   Кем рабо́тает Алекса́ндр Шишко́в?
   Алекса́ндр Шишко́в рабо́тает журнали́стом.

C. Repeat the exercise by first naming a profession and then the identity of the character.

   Кто рабо́тает журнали́стом?
   Журнали́стом рабо́тает Алекса́ндр Шишко́в.

Superlatives and Comparatives (Дивногра́дцы)

A.   Look at the biographies of the Divnogradians and then answer these questions.

1.   Кто из дивногра́дцев са́мый ста́рший, кто са́мый мла́дший?

_____

2.   Кто ста́рше всех? Кто моло́же всех?

_____

3.   Кто из дивногра́дцев са́мый интере́сный? Почему́?

_____

4.   Кто из дивногра́дцев са́мый неинтере́сный? Почему́?

_____

5.   У кого́ са́мые хоро́шие усло́вия жи́зни? Почему́?

_____

6.   У кого́ са́мые плохи́е усло́вия жи́зни? Почему́?

_____

7.   Кто живёт бли́же всех к университе́ту?

_____

8.   Кто живёт да́льше всех от стадио́на?

_____

9.   Кто живёт бли́же всех к Па́рку культу́ры и о́тдыха?

_____

10. Кто бо́льше всех пьёт? Почему́?

_____

11. Кто ме́ньше всех пьёт? Почему́?

_____

12. Кто по́зже всех встаёт у́тром?

_____

13. Кто ра́ньше всех встаёт у́тром?

_____

14. Кто ра́ньше всех ложи́тся спать?

_____

15. Кто по́зже всех ложи́тся спать?

_____

16. Кто ест бо́льше всех?

17. Кто ест ме́ньше всех?

_____

Time and Dates – 1 (**Дивногра́дцы**)

A. In the left-hand column make a list in Russian of all the characters living in Divnograd. In the right-hand column, opposite the names, enter the month in which they were born. You may omit the patronymic if you wish.

и́мя (о́тчество) фами́лия	в како́м ме́сяце
ex. Алекса́ндр (Серге́евич) Шишко́в	роди́лся в ма́е

1. _____	1. _____
2. _____	2. _____
3. _____	3. _____
4. _____	4. _____
5. _____	5. _____
6. _____	6. _____
7. _____	7. _____
8. _____	8. _____
9. _____	9. _____
10. _____	10. _____
11. _____	11. _____
12. _____	12. _____
13. _____	13. _____
14. _____	14. _____
15. _____	15. _____
16. _____	16. _____
17. _____	17. _____
18. _____	18. _____
19. _____	19. _____
20. _____	20. _____

B. Taking turns, someone randomly selects a person from the above list and asks what month he or she was born in. The next person must then provide the answer.

> В како́м ме́сяце роди́лся Алекса́ндр Серге́евич Шишко́в?
> Алекса́ндр Шишко́в роди́лся в ма́е.

C. Repeat the exercise by first asking who was born in a given month.

> Кто роди́лся в ма́е?
> В ма́е роди́лся Алекса́ндр Серге́евич Шишко́в.

Time and Dates – 2 (Дивногра́дцы)

A. In the left-hand column make a list in Russian of all the characters living in Divnograd. In the right-hand column, opposite the names, enter at what time they get up and go to bed. You may omit the patronymic if you wish.

и́мя (о́тчество) фами́лия

ex. Алекса́ндр (Серге́евич) Шишко́в

Когда́ он встаёт утром?
Когда́ он ложи́тся спать ве́чером?

Алекса́ндр (Серге́евич) Шишко́в

встаёт у́тром в семь часо́в
ложи́тся спать в де́сять часо́в

1. _____   1. _____

2. _____   2. _____

3. _____   3. _____

4. _____   4. _____

5. _____   5. _____

6. _____   6. _____

7. _____   7. _____

8. _____   8. _____

9. _____   9. _____

10. _____   10. _____

11. _____   11. _____

12. _____   12. _____

13. _____   13. _____

_____   _____

14. _____   14. _____

_____   _____

15. _____   15. _____

_____   _____

16. _____   16. _____

_____   _____

17. _____   17. _____

_____   _____

18. _____   18. _____

_____   _____

19. _____   19. _____

_____   _____

20. _____   20. _____

B. The first person randomly selects from the left-hand column a name and asks at
    what time that person gets up and what time he goes to bed. The second person
    provides the full answer.

    Когда́ Алекса́ндр Серге́евич Шишко́в встаёт у́тром, и когда́ он
    ложи́тся спать ве́чером?
    Алекса́ндр Серге́евич Шишко́в встаёт у́тром в семь часо́в и
    ложи́тся спать ве́чером в де́сять часо́в.

C. Repeat the exercise by first asking who gets up and goes to bed at a certain time.
    Кто встаёт в семь часо́в и ложи́тся спать в де́сять часо́в?
    Алекса́ндр Серге́евич Шишко́в встаёт в семь часо́в и ложи́тся
    спать в де́сять часо́в.

Time and Dates – 3 (Дивногра́дцы)

A. In the left-hand column make a list in Russian of all the characters living in Divnograd. In the right-hand column, opposite the names, enter the day, month and year of their birth written out in full. You may omit the patronymic.

ex. Алекса́ндр (Серге́евич) Шишко́в   роди́лся девя́того ма́я ты́сяча девятьсо́т со́рок пе́рвого го́да.

1. _____   1. _____
   _____   _____

2. _____   2. _____
   _____   _____

3. _____   3. _____
   _____   _____

4. _____   4. _____
   _____   _____

5. _____   5. _____
   _____   _____

6. _____   6. _____
   _____   _____

7. _____   7. _____
   _____   _____

8. _____   8. _____
   _____   _____

9. _____   9. _____
   _____   _____

10. _____   10. _____
    _____   _____

11. _____   11. _____

12. _____   12. _____

13. _____   13. _____
    _____   _____

14. _____   14. _____

15. _____   15. _____

16. _____   16. _____

17. _____   17. _____

18. _____   18. _____

19. _____   19. _____

20. _____   20. _____

B. The first person randomly selects from the left-hand column a name and asks when that person was born. The second person provides the full answer.

Когда́ роди́лся Алекса́ндр Серге́евич Шишко́в?

Алекса́ндр Серге́евич Шишко́в роди́лся девя́того ма́я ты́сяча девятьсо́т со́рок пе́рвого го́да.

C. Repeat the exercise by first asking who was born in a given year and then providing the name of the person.

Кто роди́лся девя́того ма́я ты́сяча девятьсо́т со́рок пе́рвого го́да?

Алекса́ндр Серге́евич Шишко́в роди́лся девя́того ма́я ты́сяча девятьсо́т со́рок пе́рвого го́да.

Prefixed Verbs of Motion – 2 (Дивногра́д)

A. In the right-hand column is a list of possible destinations in Divnograd which can be reached by bus, streetcar or trolleybus. In the left-hand column enter the name of the bus, streetcar or trolleybus which goes there.

ex. Автобус (трамва́й, тролле́йбус) № 33 . . . дохо́дит до вокза́ла.

1. Автобус № _____   1. до па́рка культу́ры.

_____

2. Тролле́йбус № _____ 2. до ста́нции метро́ «Ры́нок».

_____

3. Тролле́йбус № _____ 3. до теа́тра.

_____

4. Трамва́й № _____   4. до вокза́ла.

_____

5. Тролле́йбус № _____ 5. до телесту́дии.

_____

6. Трамва́й № _____   6. до стадио́на.

_____

7. Автобус № _____   7. до спорти́вного ко́мплекса.

_____

8. Автобус № _____   8. до речно́го по́рта.

_____

9. Автобус № _____   9. до це́ркви.

_____

10. Тролле́йбус № _____   10. до пло́щади Пу́шкина.

_____

_____

11. Трамва́й № _____   11. до ры́нка.

_____

_____

12. Тролле́йбус № _____   12. до гости́ницы «Росси́я».

_____

_____

13. Авто́бус № _____   13. до университе́та.

_____

_____

14. Авто́бус № _____   14. до пло́щади Пу́шкина.

_____

_____

15. Трамва́й № _____   15. до музе́я.

_____

_____

B. Taking turns, someone first asks which form of transportation (bus, streetcar or trolleybus) goes to a specific destination. The second person must reply with the correct number of the particular form of transportation.

  Како́й авто́бус дохо́дит до вокза́ла?
  До вокза́ла дохо́дит авто́бус № 33.

C. Repeat the exercise by first asking where a specific form of transportation goes.

  Куда́ дохо́дит авто́бус №33?
  Авто́бус №33 дохо́дит до вокза́ла.

D. Redo exercises A and B by replacing the expression "мо́жно прое́хать до . . ." with "дохо́дит до . . .".

  На како́м авто́бусе мо́жно прое́хать до вокза́ла?
  До вокза́ла мо́жно прое́хать на авто́бусе №33.

E. Redo exercises A and B by substituting the expression "остана́вливается о́коло . . ." for "дохо́дит до . . ."

  Како́й авто́бус остана́вливается о́коло вокза́ла?
  О́коло вокза́ла остана́вливается авто́бус №33.

Prefixed Verbs of Motion – 3 (Дивногра́д)

F. Explain how to get from one point to another in Divnograd.

(вокза́л ⇨ горсове́т)

ex. От вокза́ла до горсове́та мо́жно прое́хать на авто́бусе №33.

1. (теа́тр ⇨ парк культу́ры)

_____

_____

2. (ры́нок ⇨ универма́г)

_____

_____

3. (вокза́л ⇨ университе́т)

_____

_____

4. (университе́т ⇨ телесту́дия)

_____

_____

5. (стадио́н ⇨ изда́тельство «АРДИС»)

_____

_____

6. (пло́щадь Пу́шкина ⇨ музе́й)

_____

_____

7. («Интерпро́м» ⇨ Речно́й порт)

_____

_____

8. (Горсове́т ⇨ ста́нция метро́ «Стадио́н»)

_____

_____

9. (ры́нок ⇨ вокза́л)

_____

_____

10. (гости́ница «Росси́я» ⇨ поликли́ника)

_____

_____

<u>*Additional Notes*</u>

Part 7

How Much Does It Cost?

(Ско́лько сто́ит?)

Ско́лько сто́ит?

The following prices are intended only as a general guide. Until the end of the 1980's, most goods were sold in state-run stores at fixed prices. But first with перестро́йка at the end of the 1980's, and then with the attempt to change to a market economy (ры́ночная эконо́мика) in 1992, other forms of enterprise have become more wide-spread. Due to the changing economic climate in Russia, prices will continue to be in flux for the next while.

Проду́кты и това́ры		цена́ (сентя́брь 1993 го́да)	(но́вая цена́)
лук	(кг)	50 р.	_____
капу́ста	(кг)	65 р.	_____
карто́фель	(кг)	65 р.	_____
морко́вь	(кг)	50 р.	_____
огурцы́	(кг)	80 р.	_____
пе́рец (сла́дкий)	(кг)	90 р.	_____
помидо́ры	(кг)	800 р.	_____
реди́ска	(0.5 кг)	60 р.	_____
свёкла	(кг)	60 р.	_____
говя́дина	(кг)	1500 р.	_____
колбаса́	(кг)	2500 р.	_____
ку́рица	(кг)	700 р.	_____
ры́ба	(кг)	1000 р.	_____
свини́на	(кг)	1500 р.	_____
соси́ски	(кг)	900 р.	_____
ко́фе (мо́лотый)	(кг)	1700 р.	_____
ко́фе (в зёрнах)	(кг)	1500 р.	_____
чай	(кг)	1500 р.	_____
кефи́р	(л)	90 р.	_____
ма́сло (сли́вочное)	(кг)	1000 р.	_____
молоко́	(л)	80 р.	_____
смета́на	(л)	450 р.	_____
тво́рог	(кг)	450 р.	_____
сыр	(кг)	800 р.	_____
ма́сло (расти́тельное)	(л)	500 р.	_____
я́йца	(10 штук)	200 р.	_____
хлеб (чёрный)		100 р.	_____
хлеб (бе́лый)		150 р.	_____
торт		900 р.	_____
пече́нье	(кг)	600 р.	_____

Проду́кты и това́ры		цена́ (сентя́брь 1993 го́да)	(но́вая цена́)
вода́ (минера́льная)	(л)	60 р.	_____
сок (я́блочный)	(3л)	300 р.	_____
сок (виногра́дный)	(3л)	400 р.	_____
рис	(кг)	150 р.	_____
макаро́ны	(кг)	150 р.	_____
варе́нье	(0.5кг)	500 р.	_____
ви́шня (чере́шня)	(кг)	1000 р.	_____
гру́ши	(кг)	750 р.	_____
клубни́ка	(кг)	1000 р.	_____
мали́на	(кг)	1000 р.	_____
сли́вы	(кг)	500 р.	_____
я́блоки	(кг)	400 р.	_____

Же́нская оде́жда

блу́зка		3000 р.	_____
пла́тье		7000 р.	_____
ю́бка		7000 р.	_____
чулки́		300 р.	_____
колго́тки		500 р.	_____
сви́тер		7000 р.	_____
ку́ртка		15.000 р.	_____
пальто́		25.000 р.	_____
шарф		3000 р.	_____
ша́пка (мехова́я)		50.000 р.	_____
трусы́		500 р.	_____
бюстга́льтер		600 р.	_____
джи́нсы		10.000 р.	_____
ту́фли		15.000 р.	_____

Косме́тика

духи́	1500 р.	_____
те́ни	250 р.	_____
губна́я пома́да	500 р.	_____

Мужска́я оде́жда

руба́шка	2500 р.	_____
га́лстук	1500 р.	_____
брю́ки	6000 р.	_____
сви́тер	7000 р.	_____
костю́м	30.000 р.	_____

Проду́кты и това́ры	цена́ (сентя́брь 1993 го́да)	(но́вая цена́)
ту́фли	10.000 р.	_____
боти́нки	18.000 р.	_____
та́почки	700 р.	_____
трусы́	300 р.	_____
ма́йка	300 р.	_____
футбо́лка	700 р.	_____
спорти́вный костю́м	8000 р.	_____
ку́ртка (ко́жаная)	60.000 р.	_____
пальто́	50.000 р.	_____
ша́пка (но́рка)	60.000 р.	_____
джи́нсы	10.000 р.	_____
кроссо́вки	12.000 р.	_____

Ра́зное

полоте́нце	500 р.	_____
стира́льный порошо́к	150 р.	_____
мы́ло	120 р.	_____
зубна́я па́ста	70 р.	_____
шампу́нь	400 р.	_____
очки́	3000 р.	_____
ру́чка	400 р.	_____
каранда́ш	100 р.	_____
конве́рт	15 р.	_____

Ме́бель

дива́н и 2 кре́сла	80.000 р.	_____
шкаф	35.000 р.	_____
стол и 4 сту́ла	20.000 р.	_____
крова́ть	20.000 р.	_____
матра́с	1500 р.	_____
цветно́й телеви́зор	200.000 р.	_____
стира́льная маши́на	95.000 р.	_____
холоди́льник	100.000 р.	_____
ковёр (2х3 м)	100.000 р.	_____

Газе́ты и журна́лы

«Изве́стия»	10 р.	_____
«Пра́вда»	6 р.	_____
«Огонёк»	30 р.	_____

Городско́й тра́нспорт

прое́зд в метро́	10 р.	_____
прое́зд на авто́бусе	10 р.	_____
прое́зд на трамва́е	10 р.	_____
прое́зд на тролле́йбусе	10 р.	_____

Part 8

Finding Your Way Around Divnograd

(Где нахóдится ... ?)

On the following pages you will find approximately 100 questions which are intended to help you find your way around the city of Divnograd and become better acquainted with the location of streets, buildings, transportation lines, etc. These questions will test in particular your knowledge of those verbs, adverbs and prepositions which are commonly used when giving directions as to the location of streets, buildings or means of transportation.

Formulate your answers orally or in written form and then compare them with the correct answers printed at the end of the questions on pages 157-159.

Выраже́ния

ста́нция метро́	subway (metro) station
остано́вка (авто́буса, трамва́я, тролле́йбуса)	(bus, streetcar, trolleybus) stop
авто́бус №3	bus No.3
перекрёсток	intersection
кварта́л	block (street)
райо́н	district
стоя́нка такси́	taxi stand
напра́во (нале́во) от (чего́)	to the right (left) of
в сто́рону (чего́)	in the direction of
с ле́вой (пра́вой) стороны́	on the left (right) side
сле́ва (спра́ва)	on the left (right)
нале́во (напра́во)	to the left (right)
пря́мо	straight, direct
доезжа́ть *несов.* (доезжа́ю, доезжа́ют)	to go as far as (by vehicle)
дое́хать *сов.* (дое́ду, дое́дут)	to go as far as (by vehicle)
доходи́ть *несов.* (дохожу́, дохо́дят)	to go as far as, get to (on foot)
дойти́ *сов.* (дойду́, дойду́т)	to go as far as, get to (on foot)
... до перекрёстка	... to the intersection
... до сле́дующей у́лицы	... to the next street
... до ста́нции метро́	... to the metro station
проходи́ть *несов.* (прохожу́, прохо́дят)	to get to, to pass, to cross
пройти́ *сов.* (пройду́, пройду́т)	to get to, to pass, to cross
... на у́лицу Че́хова	... to Chekhov Street
... оди́н кварта́л, два кварта́ла	... one block, two blocks
выходи́ть *несов.* (выхожу́, выхо́дят)	to exit, come out
вы́йти *сов.* (вы́йду, вы́йдут)	to exit, come out
... из ста́нции метро́	... out of the metro station
повора́чивать *несов.* (повора́чиваю, повора́чивают)	to turn
поверну́ть *сов.* (поверну́, поверну́т)	to turn
Поверни́те напра́во (нале́во)!	Turn right (left)!
Иди́те пря́мо!	Go straight!
сади́ться *несов.* (сажу́сь, садя́тся)	to sit down, to get on
сесть *сов.* (ся́ду, ся́дут)	to sit down, to get on
Сади́тесь на авто́бус!	Get on the bus!
се́верная часть	northern area, part
ю́жная часть	southern area, part
за́падная часть	western area, part
восто́чная часть	eastern area, part
центра́льная часть	central area, part
се́веро-восто́чная часть	north-eastern area, part
ю́го-за́падная часть	south-western area, part
се́веро-за́падная часть	north-western area, part
ю́го-восто́чная часть	south-eastern area, part

<u>Additional Notes</u>

Вопро́сы по ка́рте го́рода Дивногра́да

Выраже́ние: На како́й у́лице нахо́дится . . . ?

1. На како́й у́лице нахо́дится поликли́ника?

2. На како́й у́лице нахо́дится «Бли́нная»?

3. На како́й у́лице нахо́дится магази́н «Сувени́ры и пода́рки»?

4. На како́й у́лице нахо́дится магази́н «Молоко́»?

5. На како́й у́лице нахо́дится рестора́н «Дивна́»?

6. На како́й у́лице нахо́дится бу́лочная?

7. На како́й у́лице нахо́дится универма́г?

8. В како́м переу́лке нахо́дится це́рковь Свято́го Никола́я?

9. На како́й у́лице нахо́дится Дом худо́жников?

10. На како́й у́лице нахо́дится теа́тр Го́голя?

11. На како́й у́лице нахо́дится автозапра́вочная ста́нция?

12. На како́й у́лице нахо́дится фи́рма «Интерпро́м»?

Выраже́ние: В како́й ча́сти го́рода (В како́м райо́не) . . . ?

13. В како́й ча́сти го́рода нахо́дится Речно́й порт?

14. В како́й ча́сти го́рода нахо́дится стадио́н?

15. В како́й ча́сти го́рода нахо́дится Парк культу́ры?

16. В како́й ча́сти го́рода нахо́дится Дивногра́дский университе́т?

17. В како́й ча́сти го́рода нахо́дится пло́щадь Пу́шкина?

18. В како́й ча́сти го́рода нахо́дится парикма́херская?

19. В како́й ча́сти го́рода нахо́дится у́лица Космона́втов?

Выраже́ние: Како́й но́мер авто́буса хо́дит по . . . ?

20. Како́й но́мер авто́буса хо́дит по Университе́тскому проспе́кту?

21. Како́й но́мер трамва́я хо́дит по у́лице Чайко́вского?

22. Како́й но́мер тролле́йбуса хо́дит по проспе́кту Дру́жбы?

23. Како́й но́мер авто́буса хо́дит по На́бережной?

24. Како́й но́мер тролле́йбуса хо́дит по Моско́вскому проспе́кту?

25. Како́й но́мер трамва́я хо́дит по у́лице Шаля́пина?

26. Како́й но́мер авто́буса хо́дит по у́лице Достое́вского?

27. Како́й но́мер тролле́йбуса хо́дит по у́лице Го́голя?

28. Како́й но́мер авто́буса хо́дит по у́лице Го́рького?

29. Како́й но́мер тролле́йбуса хо́дит по проспе́кту Ми́ра?

30. Како́й но́мер авто́буса хо́дит по Садо́вой у́лице?

31. Како́й но́мер авто́буса хо́дит по Доне́цкой у́лице?

Выраже́ние: На како́м авто́бусе мо́жно дое́хать до . . .?

32. На како́м трамва́е мо́жно дое́хать до железнодоро́жного вокза́ла?

33. На како́м трамва́е мо́жно дое́хать до стадио́на?

34. На како́м тролле́йбусе мо́жно дое́хать до телесту́дии?

35. На како́м авто́бусе мо́жно дое́хать до университе́та?

36. На како́м трамва́е мо́жно дое́хать до Педагоги́ческого учи́лища?

37. На како́м тролле́йбусе мо́жно дое́хать до аэропо́рта?

**Выраже́ние: На како́й авто́бус ну́жно сесть,
                             чтобы дое́хать до . . . ?**

38. На како́й авто́бус, трамва́й и́ли тролле́йбус ну́жно сесть у ста́нции
     метро́ «Университе́т», чтобы́ дое́хать до пло́щади Пу́шкина?

39. На како́й авто́бус, трамва́й и́ли тролле́йбус ну́жно сесть у ста́нции
     метро́ «Ры́нок», чтобы́ дое́хать до це́ркви свято́го Никола́я?

40. На како́й авто́бус, трамва́й и́ли тролле́йбус ну́жно сесть у ста́нции
     метро́ «Речно́й вокза́л», чтобы́ дое́хать до Па́рка культу́ры?

41. На како́й авто́бус, трамва́й или тролле́йбус ну́жно сесть у ста́нции
     метро́ «Стадио́н», чтобы́ дое́хать до Дивногра́дского университе́та?

42. На како́й авто́бус, трамва́й или тролле́йбус ну́жно сесть у ста́нции
     метро́ «Пу́шкинская», чтобы́ дое́хать до Политехни́ческого институ́та?

Выраже́ние: находи́ться о́коло . . .

43. Како́й магази́н нахо́дится о́коло фи́рмы «Интерпром»?

44. Каки́е магази́ны нахо́дятся о́коло по́чты?

45. Како́й рестора́н нахо́дится о́коло теа́тра Го́голя?

46. Каки́е магази́ны нахо́дятся о́коло кинотеа́тра «Ро́дина»?

47. Каки́е магази́ны нахо́дятся о́коло кафе́ «Заря́» на у́лице Шаля́пина?

48. Каки́е рестора́ны нахо́дятся о́коло гости́ницы «Росси́я»?

Выраже́ния: Где мо́жно купи́ть . . . (пообе́дать) о́коло . . .

49. Где мо́жно пообе́дать о́коло железнодоро́жного вокза́ла?

50. Где мо́жно купи́ть мя́со о́коло кинотеа́тра «Ро́дина»?

51. Где мо́жно пообе́дать о́коло теа́тра Го́голя?

52. Где мо́жно пообе́дать на у́лице Шаля́пина?

53. Где мо́жно купи́ть хлеб на у́лице Декабри́стов?

54. Где мо́жно купи́ть мужску́ю оде́жду о́коло ры́нка?

55. Где мо́жно купи́ть блу́зку о́коло телесту́дии?

56. Где мо́жно купи́ть фру́кты и о́вощи о́коло музе́я?

57. Где мо́жно купи́ть ту́фли о́коло кафе́ на проспе́кте Ми́ра?

58. Где мо́жно почини́ть пылесо́с о́коло поликли́ники?

59. Где мо́жно сесть на такси́ о́коло Горсове́та?

60. Где мо́жно купи́ть ма́рки и конве́рты о́коло универма́га?

61. Где мо́жно смотре́ть футбо́льный матч о́коло ста́нции метро́ «Стадио́н»?

62. Где у́чатся шко́льники в Дми́тровском переу́лке?

Выраже́ние: находи́ться ря́дом с . . .

63. Ря́дом с како́й ста́нцией метро́ нахо́дится кафе́ на у́лице Ши́шкина?

64. Ря́дом с како́й ста́нцией метро́ нахо́дится кафе́ на у́лице Менделе́ева?

65. Ря́дом с каки́м зда́нием на у́лице Левита́на нахо́дится поликли́ника?

66. Ря́дом с каки́м зда́нием нахо́дится кио́ск «Цветы» на На́бережной?

67. Ря́дом с каки́м зда́нием на пло́щади Пу́шкина нахо́дится телесту́дия?

68. Ря́дом с каки́м зда́нием нахо́дится кинотеа́тр «Ро́дина»?

Выраже́ния: напро́тив . . . нале́во от . . . напра́во от . . .

69. Напро́тив како́го зда́ния нахо́дится магази́н «Фо́то»?

70. Напро́тив чего́ нахо́дится «Бли́нная»?

71. Напроти́в чего́ нахо́дится Дом худо́жников на у́лице Левита́на?

72. Напро́тив чего́ нахо́дится стадио́н на Доне́цкой у́лице?

73. Нале́во от чего́ нахо́дится магази́н «Молоко́» на у́лице Че́хова?

74. Нале́во от чего́ нахо́дится поликли́ника на Моско́вском проспе́кте?

75. Нале́во от чего́ нахо́дится кафе́ «Заря́» на у́лице Шаля́пина?

76. Нале́во от чего́ нахо́дится кафе́ «Моро́женое» на Университе́тском проспе́кте?

77. Напра́во от чего́ нахо́дится це́рковь свято́го Никола́я на На́бережной?

78. Напра́во от чего́ нахо́дится де́тский сад на у́лице Чайко́вского?

79. Напра́во от чего́ нахо́дится комиссио́ный магази́н на у́лице Декабри́стов?

80. Напра́во от чего́ на у́лице Чайко́вского нахо́дится музе́й?

Выраже́ние: Кака́я ста́нция метро́ вам нужна́?

81. Кака́я ста́нция метро́ вам нужна́, что́бы попа́сть в цирк?

82. Кака́я ста́нция метро́ вам нужна́, что́бы попа́сть в бу́лочную на у́лице Декабри́стов?

83. Кака́я ста́нция метро́ вам нужна́, что́бы попа́сть в изда́тельство на у́лице Чайко́вского?

84. Кака́я ста́нция метро́ вам нужна́, что́бы попа́сть в Успе́нский собо́р на Моско́вском проспе́кте?

85. Кака́я ста́нция метро́ вам нужна́, что́бы попа́сть в вы́ставочный зал о́коло худо́жественного учи́лища на Университе́тском проспе́кте?

86. Кака́я ста́нция метро́ вам нужна́, что́бы попа́сть в гости́ницу «Росси́я»?

87. Кака́я ста́нция метро́ вам нужна́, что́бы попа́сть на автовокза́л?

Выраже́ние: **Если вы вы́йдете . . . , что вы уви́дите?**

88. Если вы вы́йдете из ста́нции метро́ «Ры́нок» на Университе́тский проспе́кт, како́е зда́ние вы уви́дите пе́ред собо́й?

89. Если вы вы́йдете из ста́нции метро́ «Парк культу́ры» на у́лицу Садо́вая, что вы уви́дите пе́ред собо́й?

90. Если вы вы́йдете из ста́нции метро́ «Че́ховская» на у́лицу Тамбо́вская, что вы уви́дите пе́ред собо́й?

91. Если вы вы́йдете из ста́нции метро́ «Речно́й порт» на у́лицу Менделе́ева, что вы уви́дите пе́ред собо́й?

92. Если вы вы́йдете из ста́нции метро́ «Вокза́л» на Каза́чий переу́лок, что вы уви́дите пе́ред собо́й?

93. Если вы вы́йдете из ста́нции метро́ «Декабри́стская» на у́лицу Декабри́стов, что вы уви́дите пе́ред собо́й?

94. Если вы вы́йдете из ста́нции метро́ «Пу́шкинская» на пло́щадь Пу́шкина, что вы уви́дите пе́ред собо́й?

95. Если вы вы́йдете из ста́нции метро́ «Университе́т» на Университе́тский проспе́кт, что вы уви́дите пе́ред собо́й?

Выраже́ние: **Вы вы́шли из . . . , что вы уви́дите?**

96. Вы вы́шли из ста́нции метро́ «Парк культу́ры» на у́лицу Скря́бина.
Поверни́те нале́во и дойди́те до перекрёстка.
Поверни́те напра́во и пройди́те оди́н кварта́л.
Поверни́те нале́во и пройди́те два кварта́ла.
Како́е зда́ние вы уви́дите с ле́вой стороны́?

97. Вы вы́шли из ста́нции метро́ «Речно́й порт» на у́лицу Менделе́ева.
Поверни́те напра́во и пройди́те два кварта́ла.
Поверни́те напра́во и пройди́те два кварта́ла.
Поверни́те нале́во и пройди́те два кварта́ла.
Что вы уви́дите пе́ред собо́й спра́ва?

98. Вы вы́шли из ста́нции метро́ «Стадио́н» на Доне́цкую у́лицу.
Поверни́те нале́во и пройди́те до сле́дующей у́лицы.
Поверни́те нале́во и перейди́те че́рез мост.
Там о́коло теа́тра Го́голя поверни́те напра́во.
Иди́те пря́мо до сле́дующей у́лицы.
Что вы уви́дите пе́ред собо́й с ле́вой стороны́?

99. Вы вы́шли из ста́нции метро́ «Ры́нок» на Университе́тский проспе́кт.
Поверни́те напра́во и пройди́те до общежи́тия Дивногра́дского университе́та.
Там поверни́те нале́во и пройди́те до сле́дующей у́лицы.
Что вы там уви́дите пе́ред собо́й с ле́вой стороны́?

100. Вы вы́шли из ста́нции метро́ «Университе́т» на Университе́тский проспе́кт.
Поверни́те напра́во и пройди́те два кварта́ла.
Около ры́нка поверни́те напра́во.
Иди́те пря́мо по э́той у́лице до конца́.
Что вы уви́дите пе́ред собо́й?

101. Вы вы́шли из ста́нции метро́ «Пу́шкинская» на пло́щадь Пу́шкина.
Поверни́те нале́во в сто́рону реки́ Дивна́.
Дойди́те до моста́ и там о́коло це́ркви поверни́те напра́во.
Пройди́те два кварта́ла.
Что вы уви́дите пе́ред собо́й?

Выраже́ние: Вы стои́те о́коло ... Кака́я это у́лица?

102. Вы стои́те о́коло общежи́тия.
Иди́те пря́мо по Университе́тскому проспе́кту до сле́дующей ста́нции метро́.
Поверни́те напра́во.
Пройди́те два кварта́ла и поверни́те нале́во.
Пройди́те ещё два кварта́ла и поверни́те нале́во.
Кака́я это у́лица?

103. Вы стои́те пе́ред стадио́ном на Доне́цкой у́лице.
Иди́те пря́мо по Доне́цкой у́лице в сто́рону реки́.
Иди́те че́рез мост и сра́зу поверни́те нале́во.
Дойди́те по На́бережной до сле́дующего моста́.
Поверни́те нале́во и пройди́те че́рез мост.
Кака́я это у́лица?

104. Вы стои́те на пло́щади Пу́шкина.
Иди́те по проспе́кту Дру́жбы до де́тского са́да.
Около де́тского са́да поверни́те напра́во.
Пройди́те до сле́дующей у́лицы.
Поверни́те там нале́во.
Пройди́те оди́н кварта́л и поверни́те напра́во.
Кака́я это у́лица?

Answers

1. Поликли́ника нахо́дится на Моско́вском проспе́кте.
2. «Бли́нная» нахо́дится на у́лице Декабри́стов.
3. Магази́н «Сувени́ры и пода́рки» нахо́дится на у́лице Менделе́ева.
4. Магази́н «Молоко́» нахо́дится на у́лице Че́хова.
5. Рестора́н «Дивна́» нахо́дится на у́лице Го́голя.
6. Було́чная нахо́дится на у́лице Декабри́стов.
7. Универма́г нахо́дится на у́лице Че́хова.
8. Це́рковь свято́го Никола́я нахо́дится в Нико́льском переу́лке.
9. Дом худо́жников нахо́дится на у́лице Левита́на.
10. Теа́тр Го́голя нахо́дится на у́лице Го́голя.
11. Автозапра́вочная ста́нция нахо́дится на у́лице Тамбо́вская.
12. Фи́рма «Интерпро́м» нахо́дится на На́бережной.
13. Речно́й порт нахо́дится в восто́чной ча́сти го́рода.
14. Стадио́н нахо́дится в юго-восто́чной ча́сти го́рода.
15. Парк культу́ры нахо́дится в юго-за́падной ча́сти го́рода.
16. Дивногра́дский университе́т нахо́дится в се́веро-за́падной ча́сти го́рода.
17. Пло́щадь Пу́шкина нахо́дится в центра́льной ча́сти го́рода.
18. Парикма́херская нахо́дится в се́верной ча́сти го́рода.
19. Улица Космона́втов нахо́дится в ю́жной ча́сти го́рода.
20. По Университе́тскому проспе́кту хо́дит авто́бус №3.
21. По у́лице Чайко́вского хо́дит трамва́й №1.
22. По проспе́кту Дру́жбы хо́дит тролле́йбус №6.
23. По На́бережной хо́дит авто́бус №2.
24. По Моско́вскому проспе́кту хо́дит тролле́йбус №22.
25. По у́лице Шаля́пина хо́дит трамва́й №9.
26. По у́лице Достое́вского хо́дит авто́бус №5.
27. По у́лице Го́голя хо́дит тролле́йбус №22.
28. По у́лице Го́рького хо́дит авто́бус №5.
29. По проспе́кту Ми́ра хо́дит тролле́йбус №6.
30. По Садо́вой у́лице хо́дит авто́бус №2.
31. По Доне́цкой у́лице хо́дит авто́бус №19.
32. До вокза́ла мо́жно дое́хать на трамва́е №1.
33. До стадио́на мо́жно дое́хать на трамва́е №9.
34. До телесту́дии мо́жно дое́хать на тролле́йбусе №22.
35. До университе́та мо́жно дое́хать на авто́бусе №19 и́ли №3.
36. До педагоги́ческого учи́лища мо́жно дое́хать на трамва́е №9.
37. До аэропо́рта мо́жно дое́хать на тролле́йбусе №6.
38. Ну́жно сесть на авто́бус №19.
39. Ну́жно сесть на тролле́йбус №6.
40. Ну́жно сесть на авто́бус №2.
41. Ну́жно сесть на авто́бус № 19.

42. Ну́жно сесть на тролле́йбус №6.
43. Около фи́рмы «Интерпро́м» нахо́дится магази́н «Оде́жда».
44. Около по́чты нахо́дятся магази́ны «Сувени́ры и пода́рки», «Молоко́» и «Кни́ги».
45. Около теа́тра Го́голя нахо́дится рестора́н «Дивна́».
46. Около кинотеа́тра «Ро́дина» нахо́дятся бу́лочная, гастроно́м и магази́н «Сувени́ры и пода́рки».
47. Около кафе́ «Заря́» на у́лице Шаля́пина нахо́дятся кио́ск «Газе́ты» и магази́н «Обувь».
48. Около гости́ницы «Росси́я» нахо́дятся рестора́н «Дивна́» и рестора́н «Па́рус».
49. Около железнодоро́жного вокза́ла мо́жно пообе́дать и́ли в кафе́ «Луч», и́ли в бли́нной.
50. Около кинотеа́тра «Ро́дина» мо́жно купи́ть мя́со в гастроно́ме.
51. Около теа́тра Го́голя мо́жно пообе́дать и́ли в рестора́не «Дивна́», и́ли в рестора́не «Па́рус».
52. На у́лице Шаля́пина мо́жно пообе́дать в кафе́ «Заря́».
53. На у́лице Декабри́стов мо́жно купи́ть хлеб в бу́лочной.
54. Около ры́нка мо́жно купи́ть мужску́ю оде́жду в универма́ге.
55. Около телесту́дии мо́жно купи́ть блу́зку в магази́не «Оде́жда».
56. Около музе́я мо́жно купи́ть фру́кты и о́вощи на ры́нке.
57. На проспе́кте Ми́ра мо́жно купи́ть ту́фли в магази́не «Обувь».
58. Около поликли́ники мо́жно почини́ть пылесо́с в мастерско́й «Ремо́нт бытово́й те́хники».
59. Около Горсове́та мо́жно сесть на такси́ на стоя́нке такси́.
60. Около универма́га мо́жно купи́ть ма́рки и конве́рты на по́чте.
61. Около ста́нции «Стадио́н» метро́ мо́жно смотре́ть футбо́льный матч на стадио́не.
62. В Дми́тровском переу́лке шко́льники у́чатся в шко́ле №7.
63. Кафе́ на у́лице Ши́шкина нахо́дится ря́дом со ста́нцией метро́ «Вокза́л».
64. Кафе́ на у́лице Менделе́ева нахо́дится ря́дом со ста́нцией метро́ «Речно́й порт».
65. Поликли́ника нахо́дится ря́дом с мили́цией на у́лице Левита́на.
66. На На́бережной кио́ск «Цветы́» нахо́дится ря́дом с гости́ницей «Росси́я».
67. На пло́щади Пу́шкина телесту́дия нахо́дится ря́дом с Горсове́том.
68. Кинотеа́тр «Ро́дина» нахо́дится ря́дом с гастроно́мом.
69. Магази́н «Фото» нахо́дится напро́тив де́тского са́да.
70. Бли́нная нахо́дится напро́тив гости́ницы «Ко́смос».
71. На у́лице Левита́на Дом худо́жников нахо́дится напро́тив стоя́нки такси́.
72. На Доне́цкой у́лице стадио́н нахо́дится напро́тив спорти́вного ко́мплекса.

73. На у́лице Че́хова магази́н «Молоко́» нахо́дится нале́во от магази́на «Кни́ги».

74. На Моско́вском проспе́кте поликли́ника нахо́дится нале́во от телесту́дии.

75. На у́лице Шаля́пина кафе́ «Заря́» нахо́дится нале́во от кио́ска «Газе́ты».

76. На Университе́тском проспе́кте кафе́ «Моро́женое» нахо́дится нале́во от общежи́тия.

77. На На́бережной це́рковь свято́го Никола́я нахо́дится напра́во от фи́рмы «Интерпро́м».

78. Де́тский сад нахо́дится напра́во от музе́я.

79. Комиссио́нный магази́н нахо́дится напра́во от «Бли́нной».

80. Музе́й нахо́дится напра́во от ры́нка.

81. Мне нужна́ (бу́дет) ста́нция метро́ «Речно́й порт».

82. Мне нужна́ (бу́дет) ста́нция метро́ «Декабри́стская».

83. Мне нужна́ (бу́дет) ста́нция метро́ «Университе́т».

84. Мне нужна́ (бу́дет) ста́нция метро́ «Парк культу́ры».

85. Мне нужна́ (бу́дет) ста́нция метро́ «Университе́т».

86. Мне нужна́ (бу́дет) ста́нция метро́ «Пу́шкинская».

87. Мне нужна́ (бу́дет) ста́нция метро́ «Стадио́н».

88. Пере́до собо́й я уви́жу музе́й.

89. Пе́ред собо́й я уви́жу Парк культу́ры.

90. Пе́ред собо́й я уви́жу Политехни́ческий институ́т.

91. Пе́ред собо́й я уви́жу бар «Пи́во» (и́ли: пивно́й бар).

92. Пе́ред собо́й я уви́жу железнодоро́жный вокза́л.

93. Пе́ред собо́й я уви́жу столо́вую.

94. Пе́ред собо́й я уви́жу па́мятник Пу́шкину.

95. Пе́ред собо́й я уви́жу кафе́ «Моро́женое».

96. С ле́вой стороны я уви́жу Дом худо́жников на у́лице Левита́на.

97. Пе́ред собо́й спра́ва я уви́жу де́тский сад.

98. Пе́ред собо́й с ле́вой стороны́ я уви́жу по́чту.

99. Пе́ред собо́й с ле́вой стороны́ я уви́жу изда́тельство «Ардис».

100. Я уви́жу пло́щадь Пу́шкина и па́мятник Пу́шкину.

101. Я уви́жу Парк культу́ры.

102. Это у́лица Достое́вского.

103. Это проспе́кт Ми́ра.

104. Это Цвето́чный прое́зд.

Additional Notes

Part 9

How Do I Get There?

(Как пройти́ туда́?)

1. Как пройти́ до библиоте́ки Ле́нина?

А. Скажи́те, пожа́луйста, как пройти́ до библиоте́ки Ле́нина?
Б. До библиоте́ки Ле́нина?
Сейча́с поду́маю.
Иди́те пря́мо.
С ле́вой стороны́ бу́дет библиоте́ка Ле́нина.
А. Зна́чит, я иду́ пря́мо, и с ле́вой стороны́ бу́дет библиоте́ка
Ле́нина.
Б. Соверше́нно ве́рно. Библиоте́ка Ле́нина нахо́дится с ле́вой
стороны́, напро́тив университе́та.
А. По́нял. Я иду́ пря́мо и библиоте́ка Ле́нина бу́дет сле́ва, напро́тив
университе́та.
Спаси́бо.
Б. Пожа́луйста.
А. (про себя́)
Так. Зна́чит, я до́лжен идти́ пря́мо.
Хорошо́, я иду́ пря́мо.
Напро́тив университе́та должна́ быть библиоте́ка Ле́нина.
Пра́вильно! Вон там университе́т.
А здесь, сле́ва, напро́тив университе́та, должна́ быть библиоте́ка
Ле́нина.
Да, вот она́!
Сейча́с я зайду́ в библиоте́ку за кни́гами.

2. Как пройти́ до по́чты?

А. Извини́те, вы не ска́жете, как пройти́ до по́чты?
Б. До по́чты?
Сейча́с скажу́.
Так. Иди́те пря́мо.
С пра́вой стороны́, ря́дом с гастроно́мом бу́дет по́чта.
А. Это далеко́?
Б. Нет, бли́зко.
А. Зна́чит, я до́лжен идти́ пря́мо, и с пра́вой стороны́ бу́дет по́чта.
Б. Пра́вильно.
По́чта нахо́дится с пра́вой стороны́, ря́дом с гастроно́мом.
А. Хорошо́. Я иду́ пря́мо и по́чта бу́дет спра́ва, ря́дом с гастроно́мом
Спаси́бо.
Б. Не за что.
А. (про себя́)
Так. Зна́чит, я до́лжен идти́ пря́мо.
Хорошо́, я иду́ пря́мо.

Ря́дом с гастроно́мом должна́ быть по́чта.
Пра́вильно. Вот гастроно́м.
А здесь, спра́ва, ря́дом с гастроно́мом должна́ быть по́чта.
Да, вот она́!
Сейча́с я зайду́ на по́чту за конве́ртами и ма́рками.

3. Где здесь нахо́дится гастроно́м?

А. Вы не ска́жете, где здесь гастроно́м?
Б. Гастроно́м?
Сейча́с.
Иди́те по э́той у́лице до теа́тра.
Около теа́тра поверни́те нале́во.
Пройди́те оди́н кварта́л и там с пра́вой стороны́ бу́дет гастроно́м.
А. Хорошо́, я до́лжен идти́ пря́мо по э́той у́лице до теа́тра.
Пото́м я до́лжен поверну́ть нале́во и пройти́ оди́н кварта́л.
С пра́вой стороны́ бу́дет гастроно́м.
Б. То́чно. Около теа́тра поверни́те нале́во и там спра́ва бу́дет гастроно́м.
А. Поня́тно. Я дойду́ до теа́тра, поверну́ нале́во и там, с пра́вой стороны́ бу́дет гастроно́м.
Спаси́бо.
Б. Пожа́луйста.
А. (про себя́)
Ита́к. Я до́лжен идти́ пря́мо.
Хорошо́. Я иду́ пря́мо.
Вот теа́тр, и сейча́с я до́лжен поверну́ть нале́во.
Я повора́чиваю нале́во, и с пра́вой стороны́ до́лжен быть гастроно́м.
Где гастроно́м? Вот он, спра́ва.
Сейча́с я зайду́ в гастроно́м за колбасо́й.

4. Где здесь нахо́дится бу́лочная?

А. Скажи́те, пожа́луйста, где нахо́дится бу́лочная?
Б. Где бу́лочная?
Одну́ мину́ту.
Иди́те пря́мо по э́той у́лице.
Там на углу́ вы уви́дите большу́ю це́рковь.
Около це́ркви поверни́те напра́во.
Иди́те да́льше, и там, с ле́вой стороны́ бу́дет бу́лочная.
А. Зна́чит, я до́лжен идти́ пря́мо по э́той у́лице.
Там на углу́ бу́дет больша́я це́рковь, и я до́лжен поверну́ть напра́во.
Пото́м я пойду́ да́льше и там, сле́ва, бу́дет бу́лочная.
Б. Да, ве́рно.
Там о́коло це́ркви поверни́те напра́во, и там сле́ва бу́дет бу́лочная.

А. Поня́тно.
  Я пойду́ пря́мо до це́ркви.
  Пото́м поверну́ напра́во и там, с ле́вой стороны́ бу́дет бу́лочная.
  Большо́е спаси́бо.
Б. Пожа́луйста.
А. (про себя́)
  Так. Зна́чит, я до́лжен идти́ пря́мо.
  Я иду́ пря́мо.
  Около це́ркви я до́лжен поверну́ть напра́во.
  Вот це́рковь. Я повора́чиваю напра́во и с ле́вой стороны́ должна́
  быть бу́лочная.
  А где бу́лочная? Вот она́ сле́ва.
  Сейча́с я зайду́ в бу́лочную за хле́бом.

5. Как пройти́ на у́лицу Толсто́го?

А. Скажи́те пожа́луйста, как пройти́ на у́лицу Толсто́го?
Б. На у́лицу Толсто́го?
  Сейча́с поду́маю.
  Иди́те по э́той у́лице до перекрёстка.
  Там бу́дет у́лица Пу́шкина.
  Поверни́те напра́во и иди́те до па́мятника Пу́шкину.
  Сле́ва бу́дет у́лица Толсто́го.
А. Хорошо́. Я дойду́ до перекрёстка и поверну́ напра́во на у́лицу
  Пу́шкина.
  Нале́во от па́мятника Пу́шкину бу́дет у́лица Толсто́го.
Б. Ве́рно.
А. Спаси́бо.
Б. Пожа́луйста.
А. (про себя́)
  Ита́к. Зна́чит, я до́лжен идти́ до перекрёстка.
  Я дошёл до перекрёстка и повора́чиваю напра́во на у́лицу
  Пу́шкина.
  Где здесь па́мятник Пу́шкину?
  Вот он, а сле́ва от него́ у́лица Толсто́го.
  Да, вот она́!
  Мне ну́жен дом но́мер четы́ре.
  Это дом но́мер два, а вот дом но́мер четы́ре.
  Это пе́рвый, а это второ́й подъе́зд, кото́рый мне ну́жен.
  Кварти́ра но́мер 28 нахо́дится на тре́тьем этаже́.
  Я поднима́юсь на ли́фте на тре́тий эта́ж.
  Вот кварти́ра но́мер 28.

Part 10

Travel Schedules
(airplane, train, bus and steamer)

Расписа́ния
(самолётов, поездо́в, авто́бусов и теплохо́дов)

Useful Phrases and Expressions

прибыва́ть, *несов.* (прибыва́ет, прибыва́ют) прибы́ть, *сов.* (прибу́ду, прибу́дут)	to arrive (train, plane, bus, steamer)
Когда́ прибыва́ет по́езд № 256 из Санкт-Петербу́рга в Москву́?	When does train No. 256 from St. Petersburg arrive in Moscow?
отправля́ться, *несов.* (отправля́ется, отправля́ются) отпра́виться, *сов.* (отпра́вится, отпра́вятся)	to depart (train, plane, bus, or steamer)
Когда́ отправля́ется по́езд № 461 из Москвы́ в Санкт-Петербу́рг?	When does train No. 461 leave from Moscow for St. Petersburg?
сле́довать (сле́дует, сле́дуют) Этот по́езд сле́дует до Москвы́.	This train is headed for Moscow.

отправле́ние	departure	ско́рый	fast, express
прибы́тие	arrival	пассажи́рский	passenger
вы́лет	departure (plane)	но́мер по́езда	train number
полёт	flight	маршру́т	route
но́мер ре́йса	flight number		
пункт назначе́ния	point of destination		

расписа́ние движе́ния поездо́в да́льнего сле́дования
  timetable for long distance train service
расписа́ние движе́ния пригоро́дных поездо́в
  timetable for suburban train service
расписа́ние движе́ния автобусов
  timetable for bus service
расписа́ние движе́ния самолётов на междунаро́дных возду́шных ли́ниях
  timetable for international airline service
расписа́ние движе́ния теплохо́дов
  timetable for steamship service

International Airline Schedules

Arrivals (Прибы́тие)

Examine the international airline schedules (p. 171) and answer these questions.

1. <u>Образе́ц</u>

➡ Самолёт из Мадри́да прибыва́ет в два́дцать часо́в пятна́дцать мину́т.

Когда́ прибыва́ет самолёт в Москву́ ...

из Нью-Йо́рка? _____

из Пари́жа? _____

из Ло́ндона? _____

из Монреа́ля? _____

из Ри́ма? _____

из Си́днея? _____

из Веллингто́на? _____

из Фра́нкфурта? _____

из Амстерда́ма? _____

2. <u>Образе́ц</u>

➡ Рейс №245 прибыва́ет в шестна́дцать часо́в три́дцать мину́т.

Како́й рейс прибыва́ет в Москву́ ...

в 15.30? _____

в 20.10? _____

в 23.55? _____

в 9.00? _____

в 20.30? _____

в 17.00? _____

в 11.30? _____

в 14.20? _____

в 10.45? _____

Departures (Отправле́ние)

3. <u>Образе́ц</u>
➡ Самолёт отправля́ется в Мадри́д в восемна́дцать часо́в пять мину́т.

Когда́ отправляется самолёт из Москвы́ ...?

в Нью-Йо́рк? _____

в Пари́ж? _____

в Ло́ндон? _____

в Монреа́ль? _____

в Рим? _____

в Сидне́й? _____

в Веллингто́н? _____

в Фра́нкфурт? _____

в Амстерда́м? _____

4. <u>Образе́ц</u>
➡ Рейс №245 отправля́ется в шестна́дцать часо́в три́дцать мину́т.

Како́й рейс отправля́ется из Москвы́ ...

в 21.30? _____

в 12.50? _____

в 13.00? _____

в 15.00? _____

в 9.50? _____

в 22.15? _____

в 14.50? _____

в 21.10? _____

в 10.35? _____

How to Get to Divnograd

(Как попа́сть в Дивногра́д)

Examine all the travel schedules (p. 171 and p.174) and select the various possibilities for getting to Divnograd from Moscow (p. 174), according to when you arrive in Moscow. There may be several possibilities in each case. Allow yourself at least two hours between arrival and departure.

1. Образе́ц:

➡ Вы прилете́ли в Москву́ из Мадри́да ре́йсом № 245 в 7.30.
  Мо́жно пое́хать в Дивногра́д по́ездом № 531 ежедне́вно в 9.30.

Вы прилете́ли самолётом в Москву́. Вам на́до в э́тот же день уе́хать в Дивногра́д. Когда́ и каки́м тра́нспортом вы мо́жете пое́хать в Дивногра́д? Назови́те рейс самолёта и́ли но́мер по́езда и вре́мя вы́лета и́ли отправле́ния.

Из Пари́жа ре́йсом № 252 ...

_____

_____

Из Нью-Йо́рка ре́йсом № 316 ...

_____

_____

Из Амстерда́ма ре́йсом № 586 ...

_____

_____

Из Сидне́я ре́йсом № 261 ...

_____

_____

Из Монреа́ля ре́йсом № 302 ...

_____

_____

Из Фра́нкфурта ре́йсом № 062 ...

_____

_____

How to Get from Divnograd to Other Cities

(Как пое́хать из Дивногра́да в други́е города́)

Examine the travel schedules (pp.172-177) and select the possibilities for getting to various destinations from Divnograd. There may be several possibilities in each case.

Вы хоти́те пое́хать из Дивногра́да в ра́зные города́. Каки́м ви́дом тра́нспорта вы мо́жете воспо́льзоваться? Назови́те вре́мя, рейс и́ли но́мер и вид тра́нспорта.

1. Образе́ц:

➡ В Москву́ отправля́ется по́езд № 351 ежедне́вно в 7.30.

В Ни́жний Но́вгород ...

Во Влади́мир ...

В Костро́му ...

В Ряза́нь ...

В Диви́нку ...

В Му́ром ...

В Па́влово ...

Во Владивосто́к ...

В Новосиби́рск ...

В Зелёный Бор ...

В Омск ...

В Арзама́с ...

В Каза́нь ...

В Екатери́нбург ...

В Москву́ ...

РАСПИСАНИЕ

ДВИЖЕНИЯ САМОЛЁТОВ
НА МЕЖДУНАРОДНЫХ ВОЗДУШНЫХ ЛИНИЯХ
из аэропорта ШЕРЕМЕТЬЕВО–2 города МОСКВЫ

номер рейса	МЕСТО НАЗНАЧЕНИЯ	время вылета	номер рейса	МЕСТО НАЗНАЧЕНИЯ	время прилёта
SU241	МОСКВА – ЛОНДОН	21.10	SU242	ЛОНДОН – МОСКВА	20.10
DL061	МОСКВА – ФРАНКФУРТ	9.50	DL062	ФРАНКФУРТ – МОСКВА	9.00
SU585	МОСКВА – АМСТЕРДАМ	12.50	SU586	АМСТЕРДАМ – МОСКВА	11.30
SU251	МОСКВА – ПАРИЖ	10.35	SU252	ПАРИЖ – МОСКВА	10.45
SU301	МОСКВА – МОНРЕАЛЬ	14.50	SU302	МОНРЕАЛЬ – МОСКВА	15.30
SU315	МОСКВА – НЬЮ-ЙОРК	15.00	SU316	НЬЮ-ЙОРК – МОСКВА	17.00
JU444	МОСКВА – РИМ	13.00	JL445	РИМ – МОСКВА	14.20
SU338	МОСКВА – ВЕЛЛИНГТОН	21.30	SU339	ВЕЛЛИНГТОН – МОСКВА	20.30
SU260	МОСКВА – СИДНЕЙ	22.15	SU261	СИДНЕЙ – МОСКВА	23.55

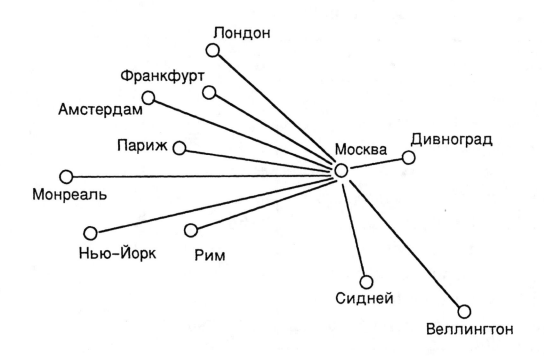

РАСПИСАНИЕ

ДВИЖЕНИЯ САМОЛЁТОВ НА ВОЗДУШНЫХ ЛИНИЯХ
из аэропорта ДОМОДЕ́ДОВО города МОСКВЫ

номер рейса	МЕСТО НАЗНАЧЕНИЯ	время вылета
158	МОСКВА – ДИВНОГРАД	6.30
85	МОСКВА – УФА	11.20
42	МОСКВА – КАЗАНЬ	13.50
52	МОСКВА – ЕКАТЕРИНБУРГ	16.20
15	МОСКВА – САНКТ-ПЕТЕРБУРГ	18.40
160	МОСКВА – ДИВНОГРАД	19.15
44	МОСКВА – КАЗАНЬ	20.30
38	МОСКВА – НОВОСИБИРСК	21.30
26	МОСКВА – ЧЕЛЯБИНСК	22.15
92	МОСКВА – НИЖНИЙ НОВГОРОД	23.05

из аэропорта города ДИВНОГРАДА

номер рейса	МЕСТО НАЗНАЧЕНИЯ	время вылета
159	ДИВНОГРАД – МОСКВА	9.15
58	ДИВНОГРАД – УФА	10.05
69	ДИВНОГРАД – КАЗАНЬ	12.50
31	ДИВНОГРАД – ЕКАТЕРИНБУРГ	13.20
22	ДИВНОГРАД – САНКТ-ПЕТЕРБУРГ	14.40
161	ДИВНОГРАД – МОСКВА	15.15
77	ДИВНОГРАД – КАЗАНЬ	16.30
48	ДИВНОГРАД – НОВОСИБИРСК	17.10
87	ДИВНОГРАД – ЧЕЛЯБИНСК	20.25
34	ДИВНОГРАД – НИЖНИЙ НОВГОРОД	21.05

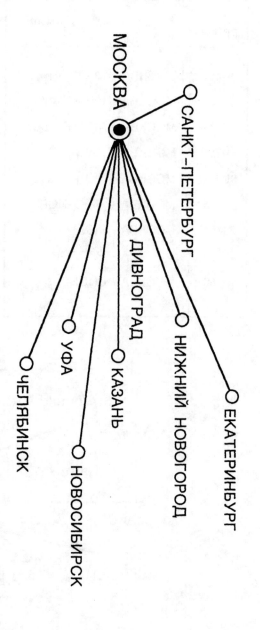

РАСПИСАНИЕ

ДВИЖЕНИЯ ПОЕЗДОВ ДАЛЬНЕГО СЛЕДОВАНИЯ
ОТ КАЗАНСКОГО ВОКЗАЛА ГОРОДА МОСКВЫ

номер поезда	СООБЩЕНИЕ	тип поезда	время отправления
74	МОСКВА – АРЗАМАС	пассажирский	08.50
49	МОСКВА – КРАСНОЯРСК	скорый	10.25
58	МОСКВА – ОМСК	скорый	12.30
35	МОСКВА – УФА	пассажирский	13.20
85	МОСКВА – ИРКУТСК	скорый	13.30
62	МОСКВА – ИЖЕВСК	пассажирский	13.50
32	МОСКВА – ЕКАТЕРИНБУРГ	скорый	16.20
63	МОСКВА – ЧЕБОКСАРЫ	пассажирский	18.40
100	МОСКВА – ДИВНОГРАД	скорый	19.10
93	МОСКВА – ХАБАРОВСК	скорый	19.15
28	МОСКВА – КАЗАНЬ	скорый	20.20
38	МОСКВА – НОВОСИБИРСК	скорый	21.30
26	МОСКВА – МУРОМ	пассажирский	22.15
16	МОСКВА – ОРЕХОВО • ЗУЕВО	пассажирский	23.05
39	МОСКВА – ВЛАДИВОСТОК	скорый	23.30

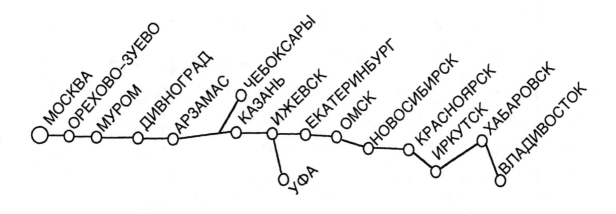

РАСПИСАНИЕ
ДВИЖЕНИЯ ПОЕЗДОВ ДАЛЬНЕГО СЛЕДОВАНИЯ
ОТ ВОКЗАЛА ГОРОДА ДИВНОГРАДА

НОМЕР ПОЕЗДА	СООБЩЕНИЕ	ТИП ПОЕЗДА	ВРЕМЯ ПРИБЫТИЯ	ВРЕМЯ ОТПРАВЛЕНИЯ
59	ОМСК – МОСКВА	СКОРЫЙ	3.30	3.32
36	УФА – МОСКВА	ПАССАЖИРСКИЙ	4.20	4.25
86	ИРКУТСК – МОСКВА	СКОРЫЙ	6.30	6.40
63	ИЖЕВСК – МОСКВА	ПАССАЖИРСКИЙ	7.50	7.00
33	ЕКАТЕРИНБУРГ – МОСКВА	СКОРЫЙ	9.20	9.22
64	ЧЕБОКСАРЫ – МОСКВА	ПАССАЖИРСКИЙ	10.40	10.45
101	ДИВНОГРАД – МОСКВА	СКОРЫЙ	12.10	12.12
94	ХАБАРОВСК – МОСКВА	СКОРЫЙ	12.15	12.20
28	КАЗАНЬ – МОСКВА	СКОРЫЙ	13.20	13.30
39	НОВОСИБИРСК – МОСКВА	СКОРЫЙ	15.30	15.35
40	ВЛАДИВОСТОК – МОСКВА	СКОРЫЙ	18.30	18.34

НОМЕР ПОЕЗДА	СООБЩЕНИЕ	ТИП ПОЕЗДА	ВРЕМЯ ПРИБЫТИЯ	ВРЕМЯ ОТПРАВЛЕНИЯ
38	МОСКВА – НОВОСИБИРСК	СКОРЫЙ	0.30	0.35
39	МОСКВА – ВЛАДИВОСТОК	СКОРЫЙ	2.30	2.34
58	МОСКВА – ОМСК	СКОРЫЙ	15.30	15.32
35	МОСКВА – УФА	ПАССАЖИРСКИЙ	16.20	16.25
85	МОСКВА – ИРКУТСК	СКОРЫЙ	16.30	16.40
62	МОСКВА – ИЖЕВСК	ПАССАЖИРСКИЙ	16.50	17.00
32	МОСКВА – ЕКАТЕРИНБУРГ	СКОРЫЙ	19.20	19.22
63	МОСКВА – ЧЕБОКСАРЫ	ПАССАЖИРСКИЙ	20.40	22.45
100	МОСКВА – ДИВНОГРАД	СКОРЫЙ	22.10	22.12
93	МОСКВА – ХАБАРОВСК	СКОРЫЙ	22.15	22.20
27	МОСКВА – КАЗАНЬ	СКОРЫЙ	23.20	23.25

РАСПИСАНИЕ

ДВИЖЕНИЯ ПРИГОРОДНЫХ ПОЕЗДОВ
ОТ ВОКЗАЛА ГОРОДА ДИВНОГРАДА

номер поезда	сообщение ОТ ДИВНОГРАДА	время прибытия	время стоянки поезда	время отправления	период
6301	ДИВНОГРАД – ЗЕЛЁНЫЙ БОР	6.46	1	6.47	ежедневно
6303	– ДИВИНКА	8.01	1	8.02	ежедневно
6307	– МУРОМ	10.44	1	10.45	суббота, воскр.
6375	– НЕЧАЕВО	12.42	1	12.43	ежедневно
6337	– ЗЕЛЁНЫЙ БОР	15.16	1	15.17	ежедневно
6345	– КОСТРОМА	16.20	1	16.21	ежедневно
6315	– МУРОМ	17.40	1	17.41	ежедневно
6319	– ДИВИНКА	19.59	1	18.00	ежедневно
6357	– ДИВИНКА	22.32	1	22.33	суббота, воскр.

номер поезда	сообщение ДО ДИВНОГРАДА	время прибытия	период
6302	ЗЕЛЁНЫЙ БОР – ДИВНОГРАД	5.30	ежедневно
6304	ДИВИНКА –	7.10	ежедневно
6308	МУРОМ –	10.20	суббота, воскр.
6376	НЕЧАЕВО –	12.02	ежедневно
6338	ЗЕЛЁНЫЙ БОР –	15.10	ежедневно
6346	КОСТРОМА –	16.00	ежедневно
6316	МУРОМ –	17.04	ежедневно
6320	ДИВИНКА –	19.30	ежедневно
6358	ДИВИНКА –	21.08	суббота, воскр.

СХЕМА ДВИЖЕНИЯ ПРИГОРОДНЫХ ПОЕЗДОВ ОТ СТАНЦИИ ДИВНОГРАД

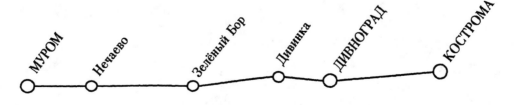

РАСПИСАНИЕ
ДВИЖЕНИЯ АВТОБУСОВ
МОСКВА – ДИВНОГРАД – МОСКВА

До Москвы	отправление
Дивноград – Москва	4.00
Дивноград – Москва	6.20
Дивноград – Москва	9.00
Дивноград – Москва	11.00
Дивноград – Москва	15.10

Из Москвы	прибытие
Москва – Дивноград	7.30
Москва – Дивноград	9.20
Москва – Дивноград	12.20
Москва – Дивноград	14.00
Москва – Дивноград	18.40

РАСПИСАНИЕ
ДВИЖЕНИЯ АВТОБУСОВ
от автостанции города Дивнограда

Из Дивнограда	отправление
Дивноград – Муром	4.00
Дивноград – Орехово-Зуево	6.20
Дивноград – Владимир	9.00
Дивноград – Арзамас	11.00
Дивноград – Рязань	15.10

Из Дивнограда	отправление
Муром – Дивноград	11.00
Орехово-Зуево – Дивноград	12.20
Владимир – Дивноград	12.40
Арзама́с – Дивноград	16.50
Рязань – Дивноград	19.30

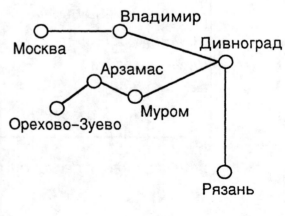

РАСПИСАНИЕ

ДВИЖЕНИЯ ТЕПЛОХОДОВ
от речного вокзала города ДИВНОГРАДА

ПУНКТ НАЗНАЧЕНИЯ	ОТПРАВЛЕНИЕ
Нижний Новгород	18.45
Муром	6.30, 18.00
Дивинка	8.40, 10.00, 11.00, 15.00
Зелёный Бор	12.00, 17.00
Павлово	12.20
Кострома	7.15, 9.30

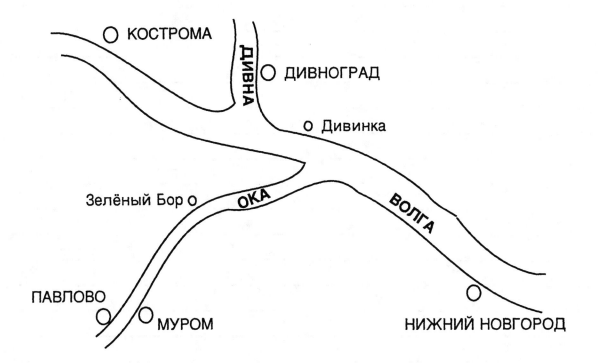

Additional Notes

_____
_____
_____
_____
_____
_____
_____
_____
_____
_____
_____
_____
_____
_____
_____
_____
_____
_____
_____
_____
_____
_____
_____
_____
_____

Part 11

What Should I Wear?

(Что мне наде́ть?)

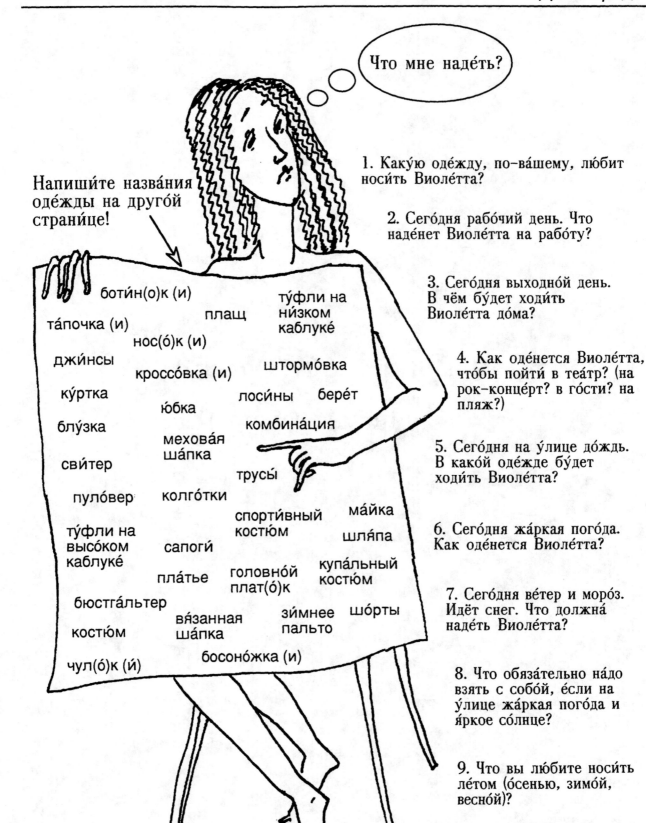

Что мне наде́ть?

Напиши́те назва́ния оде́жды на друго́й страни́це!

боти́н(о)к (и)

та́почка (и)

плащ

ту́фли на ни́зком каблуке́

нос(о́)к (и)

джи́нсы

кроссо́вка (и)

штормо́вка

ку́ртка

ю́бка

лоси́ны   бере́т

блу́зка

комбина́ция

св
и́тер

мехова́я ша́пка

трусы́

пуло́вер   колго́тки

ту́фли на высо́ком каблуке́

спорти́вный костю́м

ма́йка

сапоги́

шля́па

пла́тье

головно́й плат(о́)к

купа́льный костю́м

бюстга́льтер

костю́м

вя́занная ша́пка

зи́мнее пальто́

шо́рты

чул(о́)к (й)

босоно́жка (и)

1. Каку́ю оде́жду, по-ва́шему, лю́бит носи́ть Виоле́тта?

2. Сего́дня рабо́чий день. Что наде́нет Виоле́тта на рабо́ту?

3. Сего́дня выходно́й день. В чём бу́дет ходи́ть Виоле́тта до́ма?

4. Как оде́нется Виоле́тта, что́бы пойти́ в теа́тр? (на рок-конце́рт? в го́сти? на пляж?)

5. Сего́дня на у́лице до́ждь. В како́й оде́жде бу́дет ходи́ть Виоле́тта?

6. Сего́дня жа́ркая пого́да. Как оде́нется Виоле́тта?

7. Сего́дня ве́тер и моро́з. Идёт снег. Что должна́ наде́ть Виоле́тта?

8. Что обяза́тельно на́до взять с собо́й, е́сли на у́лице жа́ркая пого́да и я́ркое со́лнце?

9. Что вы лю́бите носи́ть ле́том (о́сенью, зимо́й, весно́й)?

10. В чём вы лю́бите ходи́ть в выходно́й день?

Же́нская оде́жда

1.
2.
3.
4.
5.
6.
7.
8.
9.
10.
11.
12.
13.
14.
15.
16.
17.
18.
19.
20.
21.
22.
23.
24.
25.
26.
27.
28.
29.
30.
31.
32.
33.
34.

Что мне надеть?

Напишите названия одежды на другой странице!

шляпа

футболка

майка

джинсы

нос(о)к (й)

ботин(о)к (и)

плавки

плащ

брюки

костюм

вязанная шапка

свитер

спортивный костюм

пуловер

кепка

пиджак

рубашка

туфля (и)

куртка

трусы

тапочка (и)

зимнее пальто

меховая шапка

кроссовка (и)

берет

штормовка

шорты

сапог (й)

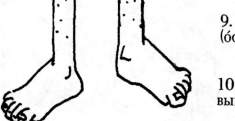

1. Какую одежду, по-вашему, любит носить Ваня?

2. Сегодня рабочий день. Что наденет Ваня на работу?

3. Сегодня выходной день. В чём будет ходить Ваня дома?

4. Как оденется Ваня, чтобы пойти в театр? (на рок-концерт? в гости? на пляж?)

5. Сегодня на улице дождь. В какой одежде будет ходить Ваня?

6. Сегодня жаркая погода. Как оденется Ваня?

7. Сегодня ветер и мороз, идёт снег. Что должен надеть Ваня?

8. Что обязательно надо взять с собой, если на улице жаркая погода и яркое солнце?

9. Что вы любите носить летом (осенью, зимой, весной)?

10. В чём вы любите ходить в выходной день?

Мужска́я оде́жда

1.	
2.	
3.	
4.	
5.	
6.	
7.	
8.	
9.	
10.	
11.	
12.	
13.	
14.	
15.	
16.	
17.	
18.	
19.	
20.	
21.	
22.	
23.	
24.	
25.	
26.	
27.	
28.	

Ра́зное . . .

по́мочи (подтя́жки)

га́лстук (и)

рюкза́к (й)

по́яс (а́)

перча́тка (и)

серьга́ (и)

шарф (ы)

аво́ська (и)

ожере́лье (я)

часы́

портфе́ль (и)

сумка (и)

тёмные
очки́

рем(е́)нь (ре́мни)

кольцо́ (а)

зонт (ы)

зубна́я
па́ста

губна́я
пома́да

очки́

чемода́н (ы)

брасле́т(ка)

носово́й
плат(о́)к (й)

шампу́нь

те́ни

зо́нтик (и)

мы́ло

дипло́мат (ы)

зубна́я
щётка (и)

Ра́зное

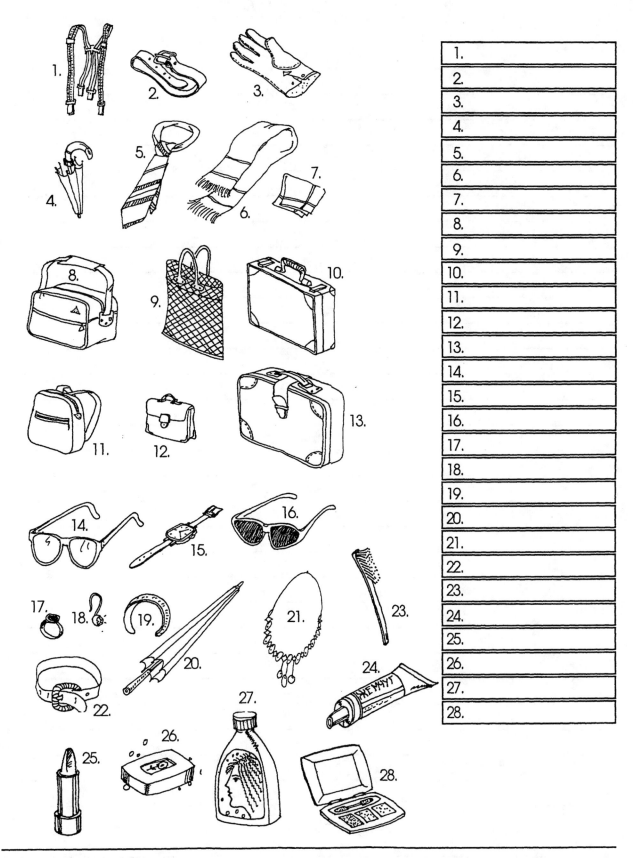

1.
2.
3.
4.
5.
6.
7.
8.
9.
10.
11.
12.
13.
14.
15.
16.
17.
18.
19.
20.
21.
22.
23.
24.
25.
26.
27.
28.

Additional Notes

Part 12

News from Divnograd

(Ве́сти из го́рода Дивногра́д)

Questions

On the following pages you will find a series of stories and dialogues based on the town of Divnograd and its inhabitants.

A. Story No.1 provides a brief description of the town of Divnograd. Using the same format, make up a story about a different town (real or fictional) that you have visited.

B. Stories No. 2 – 17 focus on the various inhabitants of Divnograd. Read the story or dialogue carefully and try to answer the following questions:

1. Which of the inhabitants of Divnograd is being discussed?
2. Can you add any additional information about that character?
3. In some of the stories or dialogues can you figure out who is telling the story or talking about the particular inhabitant of Divnograd (i.e., what is their relationship to that person)?
4. Do you agree with what is being written or said about the character? Based on your knowledge of that character, try to give reasons for agreeing or disagreeing.

C. After reading the story or dialogue, compose questions based on the dialogue or story and then try to answer them yourself, or ask someone else in the class to answer them. Use the following phrases or grammatical constructions in order to compose your questions:

1. Question words: *где? когда́? кто? куда́? почему́? зачём? отку́да?, ско́лько? как? како́й? (кака́я, како́е, каки́е).*
2. Questions with grammatical case constructions: *кому́? с кем?, от кого́?, о чём? чем? кого́? в како́е вре́мя? ря́дом с чем? о́коло чего́? к кому́? о како́м (како́й, каки́х).*

D. Try to retell the story or the dialogue in your own words.

Abbreviations for Vocabulary

м = *masculine noun*   *ж* = *feminine noun*   *ср* = *neuter noun*
1 нес. = *Type 1 imperfective verb*   *2 нес.* = *Type 2 imperfective verb*
1 сов. = *Type 1 perfective verb*   *2 сов.* = *Type 2 perfective verb*

1–й Расска́з

Дивногра́д — прия́тный городо́к[1]. Коне́чно, это не столи́ца[2]! Но ко́е-что[3] интере́сное здесь мо́жно найти́.

В городско́м музе́е мно́го карти́н ру́сских худо́жников: Васи́лия Канди́нского, Ма́рка Шага́ла и, коне́чно, Ива́на Ши́шкина и Исаа́ка Левита́на. В теа́тре и́мени Го́голя мо́жно посмотре́ть совреме́нный[4] и класси́ческий реперту́ар — пье́сы[5] Алекса́ндра Пу́шкина, Антона Че́хова, Алекса́ндра Остро́вского и Михаи́ла Булга́кова. В консервато́рии прохо́дят[6] конце́рты симфони́ческой му́зыки. Здесь ча́сто звучи́т[7] му́зыка Петра́ Чайко́вского и Серге́я Рахма́нинова.

Не все зна́ют, что в Дивногра́де нахо́дится всеми́рно[8] изве́стное[9] изда́тельство «Ардис» (верне́е[10], его́ филиа́л).

Говоря́т, что Худо́жественное учи́лище и́мени Генна́дия Кали́нина гото́вит хоро́ших театра́льных худо́жников. А преподава́тели, кото́рые зако́нчили[11] Педагоги́ческое учи́лище и́мени Самуэ́ля Сиора́на, рабо́тают не то́лько в Москве́, но и за грани́цей[12].

Я была́ в Дивногра́де то́лько три дня, но успе́ла[13] всё уви́деть, побыва́ть[14] на ры́нке, в вы́ставочном за́ле, пообе́дать в кафе́ «Заря́» и поу́жинать в рестора́не «Дивна́». Тепе́рь мечта́ю[15] сно́ва[16] пое́хать туда́.

Слова́рь

[1] город(о́)к (и́), *м* small city, town
[2] столи́ца (ы) *ж* capital city
[3] ко́е-что something, a few things
[4] совреме́нный contemporary
[5] пье́са (ы), *ж* play (drama)
[6] проходи́ть *2 нес.* to take place
[7] звуча́ть *1 нес.* to be heard [resound]
[8] всеми́рно world-wide, universally
[9] изве́стный famous
[10] верне́е or rather
[11] зако́нчить *2 сов.* to complete
[12] за грани́цей abroad, overseas
[13] успе́ть *1 сов.* to manage
[14] побыва́ть *1 сов.* to be, to visit
[15] мечта́ть *1 нес.* to dream
[16] сно́ва once more, again

2–й Расска́з

Я живу́ в юго–за́падной ча́сти го́рода, ря́дом со ста́нцией метро́ «Парк культу́ры». Я могу́ е́здить на рабо́ту на метро́. Это всего́[1] две остано́вки. Но я предпочита́ю[2] е́здить на трамва́е, потому́ что в метро́ ничего́ не ви́дно[3], а в трамва́е я могу́ смотре́ть по сторона́м[4].

Я выхожу́[4] из до́ма о́коло де́вяти часо́в, дохожу́[5] до перекрёстка[6], перехожу́[7] на другу́ю сто́рону и повора́чиваю[8] нале́во к остано́вке трамва́я. Когда́ я вхожу́[9] в трамва́й, я сра́зу прохожу́ вперёд[10] и сажу́сь о́коло окна́. Мы перезжа́ем ми́мо[11] Успе́нского собо́ра, кото́рый нахо́дится с ле́вой стороны́, и ми́мо изда́тельства «Ардис» кото́рое нахо́дится с пра́вой стороны́. Когда́ я доезжа́ю[12] до остано́вки «Ры́нок» я иду́ к себе́ на рабо́ту, в музе́й.

Коне́чно, трамва́й – это не настоя́щее[13] путеше́ствие[14]. Я бы хоте́ла е́хать в по́езде и ви́деть в окно́ По́льшу, Герма́нию, Голла́ндию, Фра́нцию. Но пока́[15] я могу́ то́лько чита́ть об этих стра́нах[16] в истори́ческих рома́нах.

Слова́рь

[1] всего́ in all

[2] предпочита́ть *2 нес.* to prefer

[3] ви́дно visible, can be seen

[4] выходи́ть *2 нес.* to exit, come out of

[5] доходи́ть *2 нес.* to reach, get to (foot)

[6] перекрёст(о)к, *м* crossing, crossroad

[7] переходи́ть *2 нес.* to cross (over)

[8] повора́чивать *1 нес.* to turn

[9] входи́ть *2 нес.* to enter, get in/on

[10] вперёд forward,

[11] ми́мо (+ genitive) past

[12] доезжа́ть *1 нес.* go as far as (vehicle)

[13] настоя́щий real, genuine

[14] путеше́ствие (я), *ср* trip, journey

[15] пока́ for the time being, for now

[16] страна́ (стра́ны), *ж* country

3-й Расска́з

Игра́л я вчера́ в домино́ с друзья́ми. Я люблю́ по выходны́м дням[1] пригласи́ть[2] к себе́ друзе́й. Сиде́ли о́чень по́здно. Пи́ли сла́дкое ю́жное вино́. Сего́дня встал[3], как всегда́, ра́но, в шесть часо́в. У нас в таксопа́рке чем ра́ньше[4] начнёшь рабо́тать, тем бо́льше[5] де́нег зарабо́таешь[6]. А без де́нег куда́ тепе́рь!? Всё до́рого. Сего́дня зае́хал[7] в столо́вую пообе́дать, взял сала́т, ры́бу с о́вощами и компо́т[8]. Заплати́л ма́ссу[9] де́нег. Хо́чется, коне́чно, в рестора́н – пое́сть настоя́щего шашлыка́, вы́пить коньячку́[10]. Но э́то тепе́рь не по карма́ну[11]. Де́ньги нужны́ для семьи́, для сынове́й. И скопи́ть[12] что-то на́до. Кооперати́вная кварти́ра у меня́ уже́ есть. Трёхко́мнатная. Эх, купи́ть бы мне[13] иностра́нную[14] маши́ну!

Слова́рь

[1] выходно́й д(е)нь, *м* day off

[2] пригласи́ть *2 сов.* to invite

[3] встать to get up

[4] чем ра́ньше... the earlier...

[5] тем бо́льше... the more...

[6] зарабо́тать *1 нес.* to earn

[7] зае́хать *1 сов.* to stop by (by vehicle)

[8] компо́т, *м* stewed fruit

[9] ма́сса, *ж* mass, a lot of

[10] коньяч(о́)к = коньа́к, *м* cognac

[11] не по карма́ну unaffordable

[12] скопи́ть *2 сов.* to save, to accumulate

[13] купи́ть бы мне I'd really like to buy

[14] иностра́нный foreign

4-й Расска́з

Наш сосе́д[1] — о́чень стра́нный[2] тип. Никогда́ не хо́дит на рабо́ту, це́лыми дня́ми[3] сиди́т до́ма, ку́рит тру́бку. Иногда́ ви́жу его́, когда́ он спуска́ется[4] вниз[5] за газе́тами, всегда́ в футбо́лке и в та́почках. Идёт, не здоро́вается[6], никого́ не ви́дит. Несёт це́лую па́чку[7] газе́т и журна́лов, смо́трит в них на ходу́[8]. И когда́ он успева́ет[9] их прочита́ть!?

Ве́чером то́же никуда́ не хо́дит. Из их кварти́ры всегда́ слы́шно,[10] как стучи́т[11] и стучи́т. И когда́ он то́лько спит!?

Иногда́ слы́шно, как игра́ет гро́мкая му́зыка. Я, коне́чно, то́же люблю́ му́зыку, но на́шу, наро́дную[12]. А э́то я не понима́ю — джаз како́й-то[13].

И фами́лия у него́ кака́я-то стра́нная. Евре́й, наве́рное[14]!

Слова́рь

[1] сосе́д (и), *м* neighbor

[2] стра́нный strange

[3] це́лыми дня́ми for entire days

[4] спуска́ться *1 нес.* to descend

[5] вниз down...

[6] здоро́ваться *1 нес.* exchange greetings

[7] па́чка (и), *ж* packet, bundle

[8] на ходу́ on the go, while underway

[9] успева́ть *1 нес.* to manage, to find time

[10] слы́шно audible, can be heard

[11] стуча́ть *1 нес.* to knock

[12] наро́дный national, folk

[13] како́й-то some kind of

[14] наве́рное probably

5-й Расска́з

— Проходи́те[1], дорога́я, сади́тесь! Сейча́с чай бу́дем пить с варе́ньем[2]. Я блино́в напе́кла[3]. Хо́лодно на у́лице?

— Я да́же не заме́тила, ка́кая пого́да, — так уста́ла[4].

— Отку́да вы?

— Из универма́га. Покупа́ла пода́рок зя́тю[5] на день рожде́ния[6]. До́чка це́лый день в поликли́нике, ей не́когда[7].

— Ну и что вы купи́ли?

— В том-то и де́ло[8], что ничего́. Два часа́ ходи́ла, смотре́ла, но ничего́ не вы́брала[9].

— Как это?

— Снача́ла я хоте́ла купи́ть ему́ руба́шку, но не по́мнила его́ разме́р[10]. Пото́м я реши́ла купи́ть шарф, но мне не понра́вился цвет[11]. Пото́м я вспо́мнила, что он мечта́л о видеомагнитофо́не, но цена́... Я и не ду́мала, что ви́дик сто́ит так до́рого. И наконе́ц я вы́брала электробри́тву. Пошла́ в ка́ссу и вы́била чек[12].

— И что же?

— Они́ ко́нчились[13].

— Кто ко́нчился? Что ко́нчилось?

— Электробри́твы ко́нчились. Кто-то пе́редо[14] мной купи́л после́днюю[15].

— А как же де́ньги?

— Я верну́ла[16] чек в ка́ссу, и мне отдала́[17] мои́ де́ньги. Но за́втра мне сно́ва на́до идти́ в универма́г за пода́рком.

Слова́рь

[1] проходи́ть *2 нес.* to pass, to enter

[2] варе́нье, *ср* jam, preserves

[3] напе́чь *1 сов.* to bake

[4] уста́л (-а, -ы) tired

[5] зять (и), *м* son-in-law

[6] день рожде́ния birthday

[7] ей не́когда she has no time

[8] в том-то и де́ло that's the very point

[9] вы́брать *1 сов.* to chose, select

[10] разме́р (ы), м size

[11] цвет (а́), *м* color

[12] вы́бить чек *1 сов.* to get/produce a receipt

[13] ко́нчиться *2 сов.* to be finished, sold out

[14] пе́редо мной in front of me

[15] после́дний last, final

[16] верну́ть *2 сов.* to return *trans.*

[17] отда́ть *сов.* to give back

6-й Расска́з

— Ты слы́шала но́вость[1]?

— Каку́ю?

— Эта студе́нтка собира́ется[2] вы́йти за́муж[3].

— За кого́?

— За на́шего экономи́ста из фи́рмы «Интерпро́м».

— За кого́, за кого́?

— Ну за этого, из на́шего совме́стного предприя́тия[4], по́мнишь?

— А, зна́ю. Но ведь[5] он ста́рше её на де́сять лет!

— Ну и что!? Зато́[6] он соли́дный челове́к, с хоро́шей зарпла́той[7]. И кварти́ра у него́ двухко́мнатная. Кооперати́вная.

— Но она́ ведь мечта́ла вы́йти за́муж за кана́дца!

— А где же они́ познако́мились[8]?

— В кино́. Она́ ча́сто в кино́ бе́гает[9]. А он, понима́ешь, то́же фи́льмами увлека́ется[10], всё бо́льше[11] америка́нскими.

— Но она́ де́вушка серьёзная. Языки́ изуча́ет.

— А он уже́ дава́л ей рабо́ту для на́шей фи́рмы — переводи́ть[12] что-то[13] с англи́йского[14].

— И как это у них всё бы́стро получи́лось[15]! И то́чно ли это[16]? Кто тебе́ сказа́л-то[17]?

— А я уж[18] и сама́ не по́мню. Ка́жется, то́чно.

Слова́рь

[1] но́вость (и), *ж* (piece of) news

[2] собира́ться *1 нес.* to be about to, going to

[3] вы́йти за́муж за кого́ *1 сов.* to marry s.o.

[4] совме́стное предприя́тие

[5] ведь you see, you know

[6] зато́ but then, but on the other hand

[7] зарпла́та, *ж* pay, salary

[8] познако́миться *2 сов.* to get acquainted

[9] бе́гать *1 нес.* to run

[10] увлека́ться (чем) *1 нес.* to be enthusiastic

[11] всё бо́льше especially, most of all

[12] переводи́ть *2 нес.* to translate

[13] что-то something (or other)

[14] с англи́йского [языка́] from English

[15] получи́ться *2 сов.* to happen, come about

[16] то́чно ли это can that be right

[17] -то then, actually [emphatic particle]

[18] уж[е́] really [emphatic particle]

[19] ка́жется it seems, it appears

7-й Расска́з

Это бы́ло са́мое дли́нное путеше́ствие[1] в мое́й жи́зни. Я вылете́л[2] в 18.45 из Монреа́ля ре́йсом[3] № 302 и прилете́л в Шереме́тьево-2 то́чно по расписа́нию[4] в 15.30. Я знал, что самолёт в Дивногра́д вылета́ет[5] из аэропо́рта Домоде́дово в 19.15. Мне каза́лось, что у меня́ о́чень мно́го вре́мени, и я успе́ю посмотре́ть го́род.

Коне́чно же, я опозда́л[6]. Сле́дующий[7] самолёт до́лжен был улета́ть у́тром в 6.30. Мне о́чень не хоте́лось сиде́ть в аэропорту́ всю ночь, и я верну́лся[8] в Москву́ на Каза́нский вокза́л. Там мне о́чень повезло́[9], и я купи́л биле́т на по́езд в Новосиби́рск, кото́рый отправля́лся[10] в 21.30.

Мне ну́жно бы́ло е́хать всего́[11] три часа́ до Дивногра́да. Но я так боя́лся[12] прое́хать ми́мо[13], что ошибся[14] и вы́шел[15] в Му́роме. Бы́ло уже́ по́здно, полови́на двена́дцатого.

Я узна́л[16], что из Му́рома иду́т в Дивногра́д пригоро́дные[17] поезда́, авто́бусы и теплохо́ды[18]. Но после́дний пригоро́дный по́езд ушёл в 17.04 (их всего́ два – у́тром и ве́чером), еди́нственный[19] авто́бус ухо́дит у́тром, в 11.00, а теплохо́д отправля́ется в 06.30 утра́. То есть[20] я мог споко́йно[21] ждать самолёта в Домоде́дово и улете́ть в это же вре́мя.

Пото́м я сообрази́л[22], что из Москвы́ в 23.30 идёт по́езд во Владивосто́к, и он бу́дет в Му́роме в 01.30. Это бы́ло пра́вильное[23] реше́ние[24]! В 02.30 но́чи я наконе́ц прие́хал в Дивногра́д, взял такси́ до гости́ницы «Росси́я» и че́рез полчаса́ уже́ кре́пко[25] спал в своём но́мере[26].

Слова́рь

[1] путеше́ствие, *ср* trip, journey

[2] вы́лететь *1 сов.* to depart, leave (by air)

[3] рейс (ы), *м* flight (air)

[4] расписа́ние schedule

[5] вылета́ть *1 нес.* to depart, leave (by air)

[6] опозда́ть *1 сов.* to be late

[7] сле́дующий next, following

[8] верну́ться *1 сов.* to return *intr.*

[9] мне повезло́ I was lucky

[10] отправля́ться *1 нес.* to depart (by ground)

[11] всего́ in all, all of

[12] боя́ться *2 нес.* to be afraid

[13] прое́хать ми́мо *1 сов.* to go by, to miss

[14] ошиби́ться *2 сов.* to be wrong

[15] вы́йти *1 сов.* to exit, to get out

[16] узна́ть *1 сов.* to find out, to learn

[17] пригоро́дный suburban

[18] теплохо́д (ы), *м* steamship

[19] еди́нственный single, only

[20] то есть that is, in other words

[21] споко́йно calmly, easily

[22] сообрази́ть *2 сов.* to grasp, to realize

[23] пра́вильный correct, right

[24] реше́ние (я), *ср* decision

[25] кре́пко strongly, deeply

[26] но́мер (а́), *м* number; hotel room

8–й Расска́з

Очень тру́дный[1] день был сего́дня! Мно́го больны́х[2]. Сейча́с в го́роде эпиде́мия гри́ппа[3]. Ка́ждый день я заде́рживаюсь[4] на рабо́те до по́зднего[5] ве́чера. Пришёл сего́дня опя́ть э́тот стра́нный молодо́й челове́к. Голова́ у него́ боли́т[6], на́сморк[7], температу́ра, а он остаётся[8] на рабо́те ве́чером, сиди́т до́лго за компью́тером. А гла́вное[9] – не принима́ет[10] во́время[11] лека́рство. Го́рло[12] то́же не поло́щет[13]. Я ему́ вы́писала[14] реце́пт, а у него́ нет вре́мени пойти́ в апте́ку и купи́ть миксту́ру[15]. Я зна́ю, что он не жена́т. Стра́нно! Тако́й серьёзный молодо́й челове́к! Мо́жет быть, роди́тели не разреша́ют[16] ему́ жени́ться на ру́сской[17]? А где он в Дивногра́де тата́рку[18] найдёт!?

Ну пора́ идти́ домо́й. Когда́ же у меня́ бу́дет бо́льше свобо́дного вре́мени?!

Слова́рь

[1] тру́дный   difficult

[2] больно́й (ые), *м* sick person, patient

[3] грипп, *м* ·flu

[4] заде́рживаться *1 нес.* to be detained

[5] по́здний late

[6] боле́ть *2 нес.* to hurt, ache

[7] на́сморк, *м* head cold

[8] остава́ться *1 нес.* to stay, remain

[9] гла́вный   main, principal

[10] принима́ть *1 нес.* t o take, to accept

[11] во́время in time, at the proper time

[12] го́рло, *ср* throat

[13] полоска́ть *1 нес.* to rinse, to gargle

[14] вы́писать *1 сов.* to write out, to prescribe

[15] миксту́ра   (liquid) medicine

[16] разреша́ть (кому́) *1 нес.* to allow s.o.

[17] жени́ться (на ком) *2 нес.* to get married

[18] тата́рка (и) *ж* Tatar (female)

9–й Расска́з

— Что вчера́ со мной случи́лось[1]!

— Что тако́е?

— Сижу́ я вчера́ ве́чером в гости́ной, вя́жу[2]. Ужин пригото́вила, жду му́жа с рабо́ты. Слы́шу: кто–то вхо́дит в подъе́зд[3], открыва́ет почто́вый я́щик[4], поднима́ется[5] по ле́стнице[6] и подхо́дит[7] к на́шей две́ри.

— Ну?! Это ваш муж был?

— Я то́же так снача́ла поду́мала. У них бухгалте́рия[8] закрыва́ется в пять. А это уже́ полови́на шесто́го была́. Слы́шу: в дверь не стуча́т[9], не звоня́т, а пря́мо[10] открыва́ют ключо́м[11]. Я выхожу́[12] из гости́ной встре́тить му́жа, поздоро́ваться[13]. И вдруг ви́жу, что в прихо́жей стои́т соверше́нно незнако́мый челове́к...

— Как?! Кто же это был?

— ... стои́т и смо́трит на меня́ серди́то[14]. "Что вы здесь де́лаете?" – говори́т.

— Он ещё вас и спра́шивает!

— Вот и́менно[15]. "Живу́," — отвеча́ю я. "Что зна́чит 'живу́'? Это како́й но́мер кварти́ры?" — спра́шивает. "Пятьдеся́т девя́тый". — "Ой, извини́те, — говори́т. — "А как же я свои́м ключо́м откры́л?"

— "Не зна́ю," — говорю́. — "Наве́рное, все ключи́ станда́ртные".

— Ну, это пря́мо как в кино́ «Иро́ния судьбы́[16]».

— Ой, то́чно! А я об этом и не поду́мала.

Слова́рь

[1] случи́ться *2 сов.* to happen, to occur

[2] вяза́ть *1 нес.* to knit

[3] подъе́зд (ы), *м* entrance, entryway

[4] почто́вый я́щик (и), *м* mailbox

[5] поднима́ться *1 нес.* to climb

[6] ле́стница (ы), *ж* staircase

[7] подходи́ть *2 нес.* to approach

[8] бухгалте́рия, *ж* accounting office

[9] стуча́ть *2 нес.* to knock

[10] пря́мо directly, right away

[11] ключ (и́), *м* key

[12] выходи́ть *2 нес.* to exit, to go out

[13] поздоро́ваться *1 нес.* to exchange greetings

[14] серди́то angrily

[15] вот и́менно precisely, exactly

[16] судьба́, *ж* fate.

10-й Расска́з

Ты смотри́[1], что они́ де́лают, целу́ются[2] и целу́ются! Так я не успе́ю себе́ сви́тер связа́ть[3]. Фильм тако́й интере́сный! Жаль[4] то́лько, что экра́н[5] у нас ма́ленький. На́до но́вый телеви́зор купи́ть. Опя́ть целу́ются. Со́лнце, океа́н — красота́[6] кака́я!

А я це́лый день у прила́вка[7] сто́ю. Сего́дня оди́н покупа́тель[8] непоня́тливый[9] попа́лся[10]. "Да́йте, — говори́т — мне полкило́ соси́сок, пожа́луйста". Я ему́ говорю́: "Снача́ла чек вы́бейте[11] в ка́ссе". А он мне: "Я не зна́ю, ско́лько сто́ит". Я ему́: "Посмотри́те, у нас всё для вас напи́сано[12]". "Ну хорошо́, — говори́т. — Но вы мне снача́ла[13] взве́сьте[14]". Ну тут я ему́ всё сказа́ла, что о нём ду́маю. Он бы́стро побежа́л[15] в ка́ссу чек выбива́ть.

Эх, фильм ко́нчился, жа́лко[16]. А сви́тер мне ещё вяза́ть и вяза́ть.

Слова́рь

[1] ты смотри́ just look (at that)

[2] целова́ться *1 нес.* to be kissing

[3] связа́ть *1 сов.* to knit

[4] жаль it's a pity, too bad

[5] экра́н (ы), *м* screen

[6] красота́, *ж* beauty

[7] прила́в(о)к (и), *м* (store) counter

[8] покупа́тель (и), *м* buyer, customer

[9] непоня́тливый stupid, dull-witted

[10] попа́сться *1 сов.* to turn up, to show up

[11] вы́бить чек *2 сов.* to get a receipt

[12] напи́сан (-а,-о,-ы) written

[13] снача́ла first, at first

[14] взве́сить *2 сов.* to weigh (up, out)

[15] побежа́ть *2 сов.* to run

[16] жа́лко what a pity; too bad

11-й Расска́з

— Ты смотри́, опя́ть побежа́л. И не хо́лодно ему́ в спорти́вном костю́ме! Да́же сне́га не бои́тся[1]!

— Коне́чно, нет. Но ведь[2] не то́лько бе́гает, но и купа́ется[3] зимо́й. У нас на Дивне́ есть клуб «морже́й»[4], он и там трениру́ет[5].

— Вот ведь де́ло како́е себе́ нашёл!

— А что ему́ ещё де́лать?! Дете́й нет. Жена́ не рабо́тает.

— Не ску́чно ей одно́й до́ма?

— Что ты! Она́ там це́лый день рабо́тает. У неё така́я чистота́[6], тако́й поря́док[7] в кварти́ре.

— И больша́я у них кварти́ра?

— Двухко́мнатная. Так она́ ковры́ в гости́ной чи́стит пылесо́сом[8] ка́ждую неде́лю, цветы́ полива́ет[9] — це́лая оранжере́я[10] у них. Пото́м стира́ет[11]. Пото́м бельё кладёт[12] на по́лки[13], все ве́щи ве́шает[14] в шкаф. А в ва́нной кака́я красота́! Всё блести́т[15]. Зеркала́ таки́е, что хоть[16] це́лый день смотри́сь[17]!

— Ты поду́май[18]!

— А когда́ они́ принима́ют госте́й, она́ и пироги́ печёт[19], и сала́ты ра́зные гото́вит, и мя́со жа́рит.

— И отку́да де́ньги таки́е?

— А он непло́хо зараба́тывает.

Слова́рь

[1] боя́ться (кого́, чего́) *1 нес.* to be afraid of

[2] ведь   you know, you see

[3] купа́ться *1 нес.* to go bathing

[4] морж (и́), *м* walrus

[5] тренирова́ть *1 нес.* to train

[6] чистота́, *ж* cleanliness

[7] поря́д(о)к, *м* order, neatness

[8] пылесо́с (ы), *м* vacuum cleaner

[9] полива́ть *1 нес.* to water

[10] оранжере́я (и), *ж* greenhouse

[11] стира́ть *1 нес.* to wash (clothing)

[12] класть *1 нес.* to put

[13] по́лка (и), *ж* shelf

[14] ве́шать *1 нес.* to hang up

[15] блести́ть *2 нес.* to gleam, glisten

[16] хоть even

[17] смотре́ться *1 нес.* to look at o.s.

[18] поду́май(те)! imagine that!

[19] печь *1 нес.* to bake

12-й Расска́з

Эх, уста́л я от одино́кой[1] жи́зни! Сын с жено́й оста́лись[2] в Сама́ре. У них тепе́рь друга́я жизнь. А мне хо́чется ве́чер провести́[3] в семе́йном[4] кругу́[5] — интере́сный разгово́р за у́жином, о́бщие[6] шу́тки[7], смех[8].

Брал я интервью́ у одного́ учёного,[9] хи́мика. Необы́чный[10] челове́к: интересу́ется о́перой, зна́ет италья́нский язы́к. И жена́ у него́ прия́тная. И о́чень симпати́чная до́чка! Де́вушка весёлая, жива́я[11]. Я бы и не поду́мал, что у таки́х молоды́х роди́телей така́я взро́слая[12] дочь. Я тепе́рь ка́ждый день ми́мо их до́ма на велосипе́де[13] проезжа́ю[14], чтобы её уви́деть.

Как бы[15] к ним в госте́й попа́сть[16]?! Я слы́шал, они́ не о́чень лю́бят приглаша́ть к себе́. На́до найти́ о́бщих знако́мых! Я ведь почти́ всех в го́роде уже́ зна́ю.

Слова́рь

[1] одино́кий   lonely, solitary
[2] оста́ться *1 сов.* to remain (behind)
[3] провести́ *1 сов.* to spend
[4] семе́йный   family, domestic
[5] круг (и́), *м* circle
[6] о́бщий   common, shared; general
[7] шу́тка (и), *ж* joke
[8] смех, *м* laughter

[9] учёный (ые), *м* scholar
[10] необы́чный   unusual
[11] живо́й   lively
[12] взро́слый   grownup, adult
[13] велосипе́д (ы), *м* bicycle
[14] проезжа́ть *1 нес.* to ride past
[15] как бы...   somehow or other
[16] ...попа́сть *1 сов.* to end up, to get to

13-й Расска́з

— Е́шьте[1], пожа́луйста, грибо́чки[2]. Муж сам собира́л. Про компо́т не забыва́йте.

— Таки́е грибы́ хорошо́ под во́дочку[3], мой так всегда́ говори́т. Но я не жа́луюсь[4]. Живём как все лю́ди, по-челове́чески[5]. Когда́ не пьёт — лу́чше и не на́до: до́ма сиди́т, в кино́ не хо́дит, на гармо́шке игра́ет. А как вы́пьет - всё про большо́й дом говори́т. А у нас и так непло́хо: ти́хо, не меша́ет[6] никто́, телефо́на нет, хорошо́!

— А мой вечера́ми как начнёт свои́м дружка́м[7] звони́ть — не остано́вишь[8] его́! Да́же газе́ту свою́ «Футбо́л - хокке́й» не успева́ет прочита́ть. Я ему́ с собо́й даю́, чтобы по доро́ге на рабо́ту в тра́нспорте почита́л. Вы бери́те колба́ску-то. Мой её о́чень уважа́ет[9]. И на за́втрак ест, и на рабо́ту с собо́й берёт. Я ему́ хочу́ борща́ дать, чтобы у́тром пое́л горя́ченького[10], а он говори́т: "Ра́но, шесть часо́в ещё".

— А мой вообще́-то[11] пья́ный[12] — ти́хий. То́лько оди́н раз на тра́кторе в витри́ну[13] гастроно́ма въе́хал. А самого́н[14] го́нит лу́чше всех в дере́вне. И сы́нки хоро́шие, ти́хие, без глу́постей[15]. Кни́жек[16] не чита́ют, в кино́ не хо́дят. Вы́расту[17] — бу́дут на гармо́шке игра́ть.

— Да вы е́шьте, е́шьте, не стесня́йтесь[18]!

Слова́рь

[1] есть *нес.* to eat

[2] грибо́чка = гриб (ы́) mushroom

[3] во́дочка = во́дка vodka (colloquial)

[4] жа́ловаться *1 нес.* to complain

[5] по-челове́чески humanely, friendly

[6] меша́ть *1 нес.* to bother

[7] друж(о́)к (и́) *м* friend, buddy

[8] останови́ть *2 сов.* to stop

[9] уважа́ть *1 нес.* to respect, to care for

[10] горя́ченький hot [colloquial]

[11] вообще́-то generally, on the whole

[12] пья́ный drunk(en)

[13] витри́на (ы), *ж* store window

[14] самого́н гони́ть *2 нес.* to make homebrew

[15] глу́пость (и), *ж* stupidity

[16] кни́жка = кни́га book

[17] вы́расти *1 сов.* to grow up

[18] стесня́ться *1 нес.* to be shy

14-й Расска́з

Я так люблю́ э́ту одино́кую скаме́йку[1] в ста́ром па́рке! Я вспомина́ю го́род, в кото́ром я родила́сь... Нет, ничего́, вы мне не меша́ете[2]. Вообще́-то[3] я не люблю́ открыва́ться[4] пе́ред незнако́мыми. Но сего́дня... Я слу́шала Рахма́нинова неда́вно[5]... Что? Нет. Я ненави́жу[6] телеви́зор... Кино́? То́лько за́падное[7]. Когда́ я чита́ю стихи́[8] свое́й до́чери... Да, вдвоём[9]. И э́то прекра́сно[10]. Нам никто́ не ну́жен. У неё есть я. У меня́ — она́. И поэ́зия. И му́зыка. Что ещё ну́жно челове́ку?!

Слова́рь

[1] скаме́йка (и), ж bench
[2] меша́ть *1 нес.* to bother
[3] вообще́-то in general, on the whole
[4] открыва́ться *1 нес.* to open (o.s.) up
[5] неда́вно not long ago
[6] ненави́деть *2 нес.* to hate, despise
[7] за́падный western
[8] стих (й), *м* verse
[9] вдвоём together, the two (of us)
[10] прекра́сно beautiful

15-й Расска́з

Я и говорю́: что ещё ну́жно челове́ку! То́лько вну́ки[1]. И всё. Нет, я не беру́ мо́лодость[2]. Я беру́ свои́ шестьдеся́т[3]. Соба́ка, коне́чно, хорошо́. И телеви́зор. Я тепе́рь без него́ как без соба́ки. Ни дня не могу́ прожи́ть[4].

Но кого́ мне ра́довать[5]? Ну до́чке блино́в напеку́[6]. Ну, сосе́дей угощу́[7]. Ну соба́ку вы́гуляю[8]. А е́сли бы внук и́ли вну́чка[9]! Что ж за жизнь така́я! Ни у кого́ нет того́, что он хо́чет.

Я с де́вочкой одно́й сижу́ иногда́, пока́ её ма́ма в кино́ хо́дит. Смешна́я[10] така́я! В гости́ной всё вре́мя всё включа́ет[11] и выключа́ет[12]. Выключа́ет телеви́зор — включа́ет радиоприёмник. Выключа́ет радиоприёмник — включа́ет магнитофо́н. Выключа́ет магнитофо́н — включа́ет ла́мпу. А иногда́ у неё сра́зу[13] всё вме́сте рабо́тает. Шум[14] стои́т, а ей ве́село[15]. Соба́ка под дива́н пря́чется[16] — а ей смешно́. Мать за ней прихо́дит — вме́сте садя́тся му́льтики[17] смотре́ть. Смею́тся, неизве́стно[18] кто гро́мче.

А мать така́я образо́ванная[19], два иностра́нных языка́ зна́ет. И до́ма у них на сте́нах не карти́нки с цвета́ми и́ли с ко́шечками[20], а стари́нные[21] ка́рты вися́т. А вот то́же сча́стья[22] нет. Вы́шла ра́но за́муж, а тепе́рь одна́[23] до́чку расти́т[24]. Пусть[25] в кино́ похо́дит — мо́жет быть, найдёт кого́-нибу́дь[26].

Слова́рь

[1] внук (и), *м* grandson

[2] мо́лодость, *ж* youth

[3] шестьдеся́т [лет] sixty years

[4] прожи́ть *1 сов.* to survive

[5] ра́довать *1 нес.* to be happy (about)

[6] напе́чь *1 сов.* to bake

[7] угости́ть *2 сов.* to treat

[8] вы́гулять *1 сов.* to take out for a walk

[9] вну́чка (и), *ж* granddaughter

[10] смешно́й funny

[11] включа́ть *1 нес.* to turn on

[12] выключа́ть *1 нес.* to turn off

[13] сра́зу (all) at once

[14] шум, *м* noise

[15] ве́село (кому́) to enjoy oneself

[16] пря́таться *1 нес.* to hide

[17] му́льтик (и), *м* [animated] cartoons

[18] неизве́стно no one knows

[19] образо́ванный educated

[20] ко́шечка (и), *ж* cat, kitty

[21] стари́нный antique; ancient

[22] сча́стье, *ср* joy, happiness

[23] одна́, *ж* alone, by herself

[24] расти́ть *2 нес.* to raise, to bring up

[25] пусть let

[26] кто-нибу́дь somebody or other

16-й Расска́з

— Тебе́ мо́жно ещё? Я спра́шиваю, тебе́ ещё нали́ть[1]? Заче́м[2] мы пришли́ в э́тот дура́цкий[3] рестора́н. Лу́чше бы[4] до́ма пи́ва попи́ли.

— Извини́. Что?

— Я и говорю́, лу́чше бы до́ма сиде́ли. Куда́ ты всё вре́мя смо́тришь? На э́того длинноволо́сого[5]? Да он игра́ть не уме́ет. Они́ все, э́ти в ко́же[6] и в джи́нсах под фоногра́мму пою́т и игра́ют. Он на тебя́ и не смо́трит.

— Коне́чно, не смо́трит. Ему́ э́то неинтере́сно. Мару́ся-парикма́херша[7], у кото́рой он ко́мнату уже́ пять ме́сяцев снима́ет[8], говори́т — ни одно́й де́вушки ни ра́зу[9] домо́й не привёл[10]. Сиди́т всё вре́мя те́лик[11] смо́трит. А я смотрю́ не на него́, а на кроссо́вки. Э́то Адида́с и́ли на́ши, дивногра́дские?

Слова́рь

[1] нали́ть *1 сов.* to pour

[2] заче́м why, what for

[3] дура́цкий stupid, dumb

[4] лу́чше бы it would have been better

[5] длинноволо́сый, *м* long-haired

[6] ко́жа, *ж* leather, hide

[7] парикма́херша (и), *ж* hairdresser

[8] снима́ть ко́мнату *1 нес.* to rent a room

[9] ни ра́зу not once

[10] привести́ *1 сов.* to bring

[11] те́лик, *м* TV

17–й Расска́з

Так! Где моя́ кулина́рная кни́га с реце́птами[1]? О, сла́ва Бо́гу[2], нашёл. Хочу́ на у́жин себе́ пригото́вить что-нибу́дь[3] оригина́льное. Та–ак: о́вощное рагу́. Настоя́щее[4] вегетариа́нское блю́до[5]. При жене́[6] иногда́ греши́л[7], ел с ней мя́со да́же в Пост[8]. А тепе́рь — упаси́ Бог[9]!

Ну, начнём. Ля–ля–ля–ля... Вы́мыть[10] о́вощи. Прекра́сно. Поли́ть[11] сковоро́дку ма́слом. Очень хорошо́. Поста́вить на плиту́. Чуде́сно[12]. Поста́вил. Что да́льше? О, наре́зать[13], наре́зать, наре́зать... Чуть не[14] забы́л. Что ещё? Пока́ о́вощи жа́рятся, ну́жно свари́ть[15] ко́фе. Го́споди помилуй[16], где же мой кофе́йник[17]? Наве́рное, в мастерско́й[18] оста́вил[19]. Ну ничего́, ча́ю попью́. Налива́ем[20] во́ду в ча́йник? Гря́зный[21]! На́до вы́мыть.

Так, о́вощи гото́вы. Тепе́рь наре́жем хлеб. Ви́лка, ло́жка здесь. Мо́жно начина́ть. С Бо́гом[22]!

"Отче наш, и́же еси́ на небеси́..."[23]

Слова́рь

[1] реце́пт (ы), *м* recipe

[2] сла́ва Бо́гу! thank God!

[3] что-нибу́дь something or other

[4] настоя́щий real, genuine

[5] блю́до (а), *ср* dish, course

[6] при жене́ in my wife's presence

[7] греши́ть *2 нес.* to sin, to commit a sin

[8] Пост, *м* Lent

[9] упаси́ Бог! God help me!

[10] вы́мыть *1 сов.* to wash

[11] поли́ть ма́слом *1 сов.* to grease, to oil

[12] чуде́сно wonderful

[13] наре́зать *1 сов.* to cut

[14] чуть не almost

[15] свари́ть *2 сов.* to brew (coffee)

[16] Го́споди помилуй! Lord have mercy!

[17] кофе́йник (и), *м* coffee pot

[18] мастерска́я (ие), *ж* workshop, studio

[19] оста́вить *2 сов.* to leave

[20] налива́ть *1 нес.* to pour

[21] гря́зный dirty

[22] с Бо́гом! good luck!

[23] "Our Father Who art in Heaven..."

Additional Notes

Russian-English Dictionary

(Ру́сско-англи́йский слова́рь)

Explanation of Short Forms

м	(мужско́й род)	masculine gender
ж	(же́нский род)	feminine gender
ср	(сре́дний род)	neuter gender
ед.ч.	(еди́нственное число́)	singular (= singular form only)
мн.ч.	(мно́жественное число́)	plural (= plural form only)
нескл.	(несклоня́мое)	indeclinable noun
несов.	(несоверше́нный вид)	imperfective aspect
сов.	(соверше́нный вид)	perfective aspect

Additional Notes

А

аво́ська (и), *ж*   string bag
авто́бус (ы), *м*   bus
автозапра́вочная ста́нция, *ж*
    gas (petrol) station
авторучка (и), *ж*   pen
агресси́вный   aggressive
а́дрес (а́), *м*   address
аккура́тный   tidy, punctual
актёр (ы), *м*   actor
актри́са (ы), *ж*   actress
америка́нский   American (adj)
англи́йский   English
анке́та (ы), *ж*   questionnaire
апельси́н (ы), *м*   orange
апте́ка (и), *ж*   drug store
арбу́з (ы), *м*   watermelon
армяни́н (армя́не), *м* Armenian (male)
армя́нский   Armenian (adj)
арти́ст (ы), *м*   performer (male)
арти́стка (и), *ж*   performer (female)
аэро́бика, *ж*   aerobics
аэропо́рт (ы), *м*   airport

Б

ба́бушка (и), *ж*   grandmother
баклажа́н (ы), *м*   eggplant
балко́н (ы), *м*   balcony
бана́н (ы), *м*   banana
баскетбо́л, *м*   basketball
батаре́я (и), *ж*   (heat) radiator
бато́н (ы), *м*   loaf (oblong)
бег, *м*   running, race
бе́гать, *несов.*   to run
    бе́гаю, бе́гают
без   without (+ genitive)
белору́с (ы), *м*   Byelorussian (male)
бельё, *ср*   laundry, bedding
библиоте́ка (и), *ж*   library
бинт (ы́), *м*   bandage
бинтова́ть, *несов.*   to bandage
    бинту́ю, бинту́ют
биологи́ческий   biological
ближа́йший   nearest, closest
бли́зкий   near, close

бли́зко   near, close
близору́кий   nearsighted
блин (ы́), *м*   pancake (crêpe)
бли́нная (ые), *ж*   pancake house
блонди́нка (и), *ж*   blonde (female)
блу́за (ы), *ж*   blouse
блу́зка (и), *ж*   blouse
блю́до (а), *ср*   dish (course)
блю́дце (а), *ср*   saucer
бога́тый   rich
бо́лее   more
боле́ть, *несов.* to be sick
    боле́ю, боле́ют
бо́льше   more
большо́й   big, large
борода́, *ж*   beard
борщ (и́), *м*   borscht
босоно́жка (и), *ж*   sandal
боти́н(о)к (и), *м*   short boot, shoe
брасле́т(ка), (ы/и), *м/ж*   bracelet
брать, *несов.*   to take
    беру́, беру́т
    (взять, *сов.*
    возьму́, возьму́т)
бри́тва (ы), *ж*   razor
бри́ться, *несов.*   to shave
    бре́юсь, бре́ются
броса́ть, *несов.*   to throw
    броса́ю, броса́ют
    (бро́сить, *сов.*
    бро́шу, бро́сят)
брю́ки, *(мн.ч.)*   trousers (pants)
брюне́тка (и), *ж*   brunette
бу́блик (и), *м*   bagel
буди́льник (и), *м*   alarm clock
бу́лка (и), *ж*   loaf (oblong)
бу́лочка (и), *ж*   bun
бульо́н (ы), *м*   bouillon
бума́га, *ж*   paper
бюстга́льтер (ы), *м*   brassiere
бутербро́д (ы), *м*   sandwich
буты́лка (и), *ж*   bottle
буфе́т (ы), *м*   buffet (snack bar)
буха́нка (и), *ж*   loaf of bread
бухга́лтер (ы), *м*   accountant
быва́ть, *несов.*   to be, to happen
    (frequently)
    быва́ю, быва́ют

быть, *сов.* to be
бу́ду, бу́дут

В

в(о) in, at (location, + prepositional);
    to, into (direction, + accusative)
ва́за (ы), *ж* vase
ва́нна (ы), *ж* bathtub
ва́нная (ые) *ж* bathroom
варе́нье (я), *ср* jam
варёный boiled
вари́ть, *несов.* to boil, to cook
    варю́, ва́рят
ва́та, *ж* cotton batten
вдова́ (вдо́вы), *ж* widow
вегетариа́н(е)ц (ы), *м* vegetarian
ведро́ (вёдра), *ср* bucket, pail
велосипе́д (ы), *м* bicycle
ве́ник (и), *м* broom
ве́рно correct, true, right
вес, *м* weight
весёлый cheerful, happy
ве́чер (а́), *м* evening
ве́чером in the evening
ве́шалка (и), *ж* hanger, coat rack
ве́шать, *несов.* to hang (up)
    ве́шаю, ве́шают
вещь (и), *ж* thing
взве́шивать, *несов.* to weigh (trans)
    взве́шиваю, взве́шивают
    (взве́сить, *сов.*
    взве́шу, взве́сят)
вид (ы), *м* appearance; view
ви́део, *ср (нескл.)* video(film)
видеомагнитофо́н (ы), *м* VCR
видеосало́н (ы), *м* video theatre
видеоте́ка, *ж* video library
ви́дик (и) *м* VCR (colloquial)
ви́лка (и), *ж* fork
вино́ (ви́на), *ср* wine
виногра́д, *м (ед.ч.)* grapes
ви́ски, *ср (нескл.)* whiskey
витри́на (ы), (store) window
ви́шня, *ж* cherry
включа́ть, *несов.* to turn/switch on
    включа́ю, включа́ют

(включи́ть, *сов.*
    включу́, включа́т)
владе́ть, *несов.* to master
    владе́ю, владе́ют
вну́к (и), *м* grandson
вну́чка (и), *ж* granddaughter
вода́ (во́ды), *ж* water
води́тель (и), *м* driver, conductor
во́дка, *ж* vodka
возвраща́ться, *несов.* to return
    возвраща́юсь, возвраща́ются
    (возврати́ться, *сов.*
    возвращу́сь, возвратя́тся)
во́зраст, *м* age, size, height
вокза́л (ы), *м* station
во́лк (и), *м* wolf
волейбо́л, *м* volleyball
волни́стый wavy
во́лос (ы), *м* hair
воскресе́нье (я), *ср* Sunday
восто́к, *м* east
восто́чный eastern
врач (и́), *м* doctor
все, (*мн.ч.*), everybody
всё, *ср (ед.ч.)* all, everything
встава́ть, *несов.* to get up
    встаю́, встаю́т
    (встать, *сов.*
    вста́ну, вста́нут)
второ́й second
входи́ть, *несов.* to enter
    вхожу́, вхо́дят
    (войти́, *сов.*
    войду́, войду́т)
вчера́ yesterday
выбива́ть, *несов.* to punch out
    выбива́ю, выбива́ют
    (вы́бить, *сов.*
    вы́бью, вы́бьют)
выбира́ть, *несов.* to choose, select
    выбира́ю, выбира́ют
    (вы́брать, *сов.*
    вы́беру, вы́берут)
выгу́ливать, *несов.* to walk (a dog)
    выгу́ливаю, выгу́ливают
выключа́тель (и), *м* switch
выключа́ть, *несов.* to switch/turn off
    выключа́ю, выключа́ют

(вы́ключить, *сов.*
вы́ключу, вы́ключат)
выпива́ть, *несов.* to drink
выпива́ю, выпива́ют
(вы́пить, *сов.*
вы́пью, вы́пьют)
выпи́сывать, *несов.* to write out
выпи́сываю, выпи́сывают
(вы́писать, *сов.*
вы́пишу, вы́пишут)
выполня́ть, *несов.* to fulfill
выполня́ю, выполня́ют
(вы́полнить, *сов.*
вы́полню, вы́полнят)
выра́щивать, *несов.* to grow,
cultivate
выра́щиваю, выра́щивают
(вы́растить, *сов.*
вы́ращу, вы́растят)
высо́кий tall, high
вы́ставка (и), *ж* exhibition
вы́ставочный зал, *м*
exhibition hall
высу́шивать, *несов.* to dry
высу́шиваю, высу́шивают
(вы́сушить, *сов.*
вы́сушу, вы́сушат)
вы́сший higher, highest
вытира́ть, *несов.* to wipe (dry)
вытира́ю, вытира́ют
(вы́тереть, *сов.*
вы́тру, вы́трут)
выходи́ть, *несов.* to go out (exit)
выхожу́, выхо́дят
(вы́йти, *сов.*
вы́йду, вы́йдут)
выходно́й день, *м* day off
вычисли́тельная те́хника, *ж* computer
science, computational technology
вя́заный knitted
вяза́ть, *несов.* to knit
вяжу́, вя́жут

Г

газе́та (ы), *ж* newspaper
галере́я (и), *ж* gallery

га́лстук (и), *м* tie
гармо́шка (и), *ж* accordion
гарни́р (ы), *м* garnish (vegetables)
гастро́ль (и), *ж* tour, guest, appearance
гастроно́м (ы), *м* supermarket
где where
гид (ы), *м* guide, tour leader
гимна́зия (и), *ж* gymnasia (secondary
school)
гита́ра (ы), *ж* guitar
гла́дить, *несов.* to iron
гла́жу, гла́дят
глаз (а́), *м* eye
глота́ть, *несов.* to swallow
глота́ю, глота́ют
говори́ть, *несов.* to speak, to say
говорю́, говоря́т
(сказа́ть, *сов.*
скажу́, ска́жут)
говя́дина, *ж* beef
год (ы), *м* year
голова́ (го́ловы), *ж* head
голубо́й (pale) blue
гонора́р (ы), *м* honorarium
го́рло (а), *ср* throat
го́род (города́), *м* city
горо́х, *м (ед.ч.)* peas
горсове́т (ы), *м* city council
(= городско́й сове́т)
горя́чий hot (temperature of objects)
гости́ная (ые), *ж* livingroom
гости́ница (ы), *ж* hotel
го́сть (и), *м* guest (male)
пригласи́ть в го́сти to invite
го́стья (и), *ж* guest (female)
гото́вить, *несов.* to prepare, to cook
гото́влю, гото́вят
(пригото́вить, *сов.*
пригото́влю, пригото́вят)
грамма́тика, *ж* grammar
грани́ца (ы), *ж* border
за грани́цей abroad
гре́н(о)к (и), *м* toast
гриб (ы́), *м* mushroom
грипп, *м* the 'flu
грузи́н (ы), *м* Georgian (male)
грузови́к (и́), *м* truck
гру́ша (и), *ж* pear

гу́бка (и), *ж*   sponge
губна́я пома́да, *ж*   lipstick

Д

далеко́   far
да́льше   farther
да́та (ы), *ж*   date
да́ча (и), *ж*   dacha (cottage)
двухко́мнатный   two-room
две́рь (и), *ж*   door
две́сти   two hundred
де́вушка (и), *ж*   girl
де́душка (и), *м*   grandfather
действи́тельный   actual, real
де́лать, *несов.*   to do, make
   де́лаю, де́лают
   (сде́лать, *сов.*
   сде́лаю, сде́лают)
де́лать заря́дку   to exercise
делово́й   business (like)
день (дни), *м*   day
де́ньги, *(мн.ч.)*   money
дере́вня (и), *ж*   village (countryside)
десе́рт (ы), *м*   dessert
детекти́в (ы), *м*   detective;
   detective story
де́ти, *(мн.ч.)*   children
де́тский   children's ...
де́тский сад (ы́), *м*   kindergarten
джаз, *м*   jazz
джи́нсы, *(мн.ч.)*   jeans
дива́н (ы), *м*   sofa
диети́ческий   dietetic, dietary
дина́мик (и), *м*   speaker (stereo)
диплома́т (ы), *м*   diplomat;
   (hard sided) briefcase
дискоте́ка (и), *ж*   discotheque
дли́нный   long
для   for (+ genitive)
до   as far as, up to (+ genitive)
добира́ться, *несов.*   to get to
   добира́юсь, добира́ются
   (добра́ться, *сов.*
   доберу́сь, доберу́тся)
доб
роду́шный   kind (hearted)
до́брый   good (kind)

доезжа́ть, *несов.*   to drive (as far as)
   доезжа́ю, доезжа́ют
   (дое́хать, *сов.*
   дое́ду, дое́дут)
до́ктор (а́), *м* (наук)   doctor
   (of science)
до́лго   (for) a long time
до́лжен,   must, have to (adj)
   (должна́, должно́, должны́)
до́лжность (и), *ж*   job, position
до́лжный   due, proper, (must, should)
дом (а́), *м*   house, building
до́ма   at home
дома́шнее зада́ние   homework
домино́, *ср (нескл.)*   domino (es)
домо́й   homeward, to home
доро́га (и) *ж*   road, way
доска́ (до́ски), *ж*   board
   разде́лочная доска́   cutting board
достава́ть, *несов.*   to get, to fetch
   достаю́, достаю́т
   (доста́ть, *сов.*
   доста́ну, доста́нут)
доходи́ть, *несов.*   to go up to, as far as
   дохожу́, дохо́дят
   (дойти́, *сов.*
   дойду́, дойду́т)
дочь (до́чери), *ж*   daughter
друг (друзья́), *м*   friend
друго́й   other, different
дру́жба, *ж (ед.ч.)*   friendship
ду́мать, *несов.*   to think
   ду́маю, ду́мают
   (поду́мать, *сов.*   to think a while
   поду́маю, поду́мают)
духи́ *(мн.ч.)*   perfume
ду́ш, *м (ед.ч.)*   shower
ды́ня (и), *ж*   muskmelon
дя́дя (и), *м*   uncle

Е

евре́й (и), *м*   Jew (male)
евре́йка (и), *ж*   Jewess
еда́, *ж (ед.ч.)*   food
е́здить, *несов.*   to go (by vehicle)
   е́зжу, е́здят

(е́хать, *несов.*
   е́ду, е́дут)
е́сли   if
есть, *несов.*   to eat
   ем, ешь, ест,
   еди́м, еди́те, едя́т
   (съесть, *сов.*
   съем, съешь, съест,
   съеди́м, съеди́те, съедя́т)
ещё   still, yet, again

Ж

жаке́т (ы), *м*   jacket
жа́рить, *несов.*   to fry
   жа́рю, жа́рят
жела́ние (я), *ср*   desire, wish
   заве́тное жела́ние   cherished desire
желе́зный   iron (adj)
жена́ (жёны), *ж*   wife
жена́тый   married (of a man)
жени́ться, *несов.*   to marry (of a man)
   женю́сь, же́нятся
же́нский   female, womanlike
же́нщина (ы), *ж*   woman
жи́вопись, *ж (ед.ч.)*   painting
живо́т (ы́), *м*   abdomen, stomach
жизнь (и), *ж*   life
жили́щный   housing (adj)
   жили́щные усло́вия
   living conditions, accomodations
жить, *несов.*   to live
   живу́, живу́т
журна́л (ы), *м*   magazine
журнали́ст (ы), *м*   journalist
журнали́стика, *ж (ед.ч.)* journalism
журна́льный сто́лик, *м* magazine
   rack or table

З

за   for (to get, fetch, + instrumental);
   at, behind (location, + instrumental);
   for (to pay for, + accusative)
забыва́ть, *несов.*   to forget
   забыва́ю, забыва́ют

(забы́ть, *сов.*
   забу́ду, забу́дут)
зава́ривать, *несов.*   to brew
   зава́риваю, зава́ривают
   (завари́ть, *сов.*
   заварю́, зава́рят)
зава́рка, *ж (ед.ч.)*   tea (makings)
заве́тный   cherished, secret
завора́чивать, *несов.*   to wrap up
   завора́чиваю, завора́чивают
   (заверну́ть, *сов.*
   заверну́, заверну́т)
за́втра   tomorrow
за́втрак (и), *м*   breakfast
завя́зывать, *несов.*   to tie up
   завя́зываю, завя́зывают
   (завяза́ть, *сов.*
   завяжу́, завя́жут)
заде́рживаться, *несов.*   to be detained
   заде́рживаюсь, заде́рживаются
за́йчик (и), *м*   rabbit
зака́зывать, *несов.*   to (place an) order
   зака́зываю, зака́зывают
   (заказа́ть, *сов.*
   закажу́, зака́жут)
зака́нчивать, *несов.*   to finish, conclude
   зака́нчиваю, зака́нчивают
   (зако́нчить, *сов.*
   зако́нчу, зако́нчат)
закрыва́ть, *несов.*   to close
   закрыва́ю, закрыва́ют
   (закры́ть, *сов.*
   закро́ю, закро́ют)
заку́ска (и), *ж*   snack, hors d'oeuvres
заку́сочная (ые), *ж*   snack bar
за́мкнутый   reclusive
за́мужем   married (of a woman)
занаве́ска (и), *ж*   curtain
занима́ться, *несов.*   to be occupied,
   to study
   занима́юсь, занима́ются
   (заня́ться, *сов.*
   займу́сь, займу́тся)
заня́тие (я), *ср*   class; occupation
за́пад, *м*   west
за́падный   western
заправля́ть, *несов.*   to season
   заправля́ю, заправля́ют

(запра́вить, *сов.*
   запра́влю, запра́вят)
зараба́тывать, *несов.*   to earn
   зараба́тываю, зараба́тывают
   (зарабо́тать, *сов.*
   зарабо́таю, зарабо́тают)
зарпла́та, *ж (ед.ч.)* pay (salary)
зарубе́жный   overseas, foreign
заря́дка, *ж (ед.ч.)* morning exercise
засыпа́ть, *несов.*   to fall asleep
   засыпа́ю, засыпа́ют
   (засну́ть, *сов.*
   засну́, засну́т)
заходи́ть, *несов.*   to stop by
   захожу́, захо́дят
   (зайти́, *сов.*
   зайду́, зайду́т)
звони́ть, *несов.* to ring
   звоню́, звоня́т
зда́ние (я), *ср*   building
здесь   here
зе́лень, *ж (ед.ч.)* green (s)
зелёный   green
земляни́ка, *ж (ед.ч.)* strawberry
зе́ркало (а́), *ср* mirror
зерно́ (зёрна), *ср* grain, seed, kernel
   (ко́фе в зёрнах   coffee beans)
зима́ (зи́мы), *ж* winter
злой   mean, unkind
знако́мый familiar; acquaintance (male)
знать, *несов.*   to know
   зна́ю, зна́ют
зна́чит   it (that) means
знач(о́)к (и́), *м*   souvenir pin
зо́нт(ик) (ы/и), *м*   umbrella
зуб (ы), *м*   tooth
зубна́я па́ста, *ж*   toothpaste
зубна́я щётка (и), *ж* toothbrush

И

и   and, also
игра́ (и́гры), *ж*   game
игра́ть, *несов.*   to play
   игра́ю, игра́ют
идти́, *несов.* to go (on foot)
   иду́, иду́т
из   from, of (+ genitive)

изве́стность, *ж (ед.ч.)* fame,
   reputation
изда́тельство (а), *ср* publishing
   house
изде́лие (я), *ср* make, manufacture,
   goods
ико́на (ы), *ж* icon
иллюстри́рованный   illustrated
име́ть, *несов.*   to have
   име́ю, име́ют
и́мя (имена́), *ср*   (first) name
и́ндекс (ы), *м* index
инжене́р (ы), *м*   engineer
иногда́   sometimes
инопланéтный   otherworldly
иностра́нный   foreign
институ́т (ы), *м*   institute
интервью́, *ср (нескл.)* interview
интере́с (ы), *м*   interest
интере́сный   interesting
интересова́ться, *несов.*
   to be interested
   интересу́юсь, интересу́ются
информацио́нный   information (adj)
иску́сство (а), *ср*   art
искусствове́дение, *ср* art history
истори́ческий   historical
исто́рия (и), *ж*   history (story)
италья́нский   Italian (adj)
йод, *м (ед.ч.)*   iodine

К

к(о)   to (a person's, + dative);
   towards (direction, + dative)
кабине́т (ы), *м*   office, study
каблу́к (и́), *м*   (shoe) heel
ка́ждый   each, every
како́й   which, what
ка́ктус (ы), *м*   cactus
календа́рь (и́), *м*   calendar
кана́д(е)ц (ы), *м*   Canadian (male)
кана́дка (и) *ж* Canadian (female)
капу́ста, *ж (ед.ч.)* cabbage
карава́й, *м (ед.ч.)* (round) loaf of bread
каранда́ш (и́), *м*   pencil
карата́, *ср (нескл.)* karate

ка́рий   brown (eyes)

ка́рта (ы), ж   map

карти́на (ы), ж   picture

карто́фель, м *(ед.ч.)*   potatoes

карто́шка, ж *(ед.ч.)*   potatoes

ка́сса (ы), ж   cashier's, cash register

кассе́та (ы), ж   cassette

кастрю́ля (и), ж   pot

ката́ться, *несов.*   to go for a ride
    ката́юсь, ката́ются

кафе́, *ср (нескл.)*   cafe

ка́федра (ы), ж   department (in a university)

кашта́новый   chestnut (hair)

кварта́л (ы), м   (street) block, district

кварти́ра (ы), ж   apartment

квас, м *(ед.ч.)*   kvas (a drink)

кекс (ы), м   muffin (cake)

ке́мпинг, м *(ед.ч.)*   camping

кефи́р, м *(ед.ч.)*   yoghurt, buttermilk

килогра́мм (ы), м   kilogram

киломе́тр (ы), м   kilometer

кино́, *ср (нескл.)*   movies

кио́ск (и), м   kiosk

кипе́ть, *несов.*   to boil (intrans.)
    кипи́т, кипя́т

кипяти́льник (и), м   heating iron

кипяти́ть, *несов.*   to bring to a boil
    кипячу́, кипятя́т

кипято́к, м *(ед.ч.)*   boiling water

класси́ческий   classical

класть, *несов.*   to put
    кладу́, кладу́т
    (положи́ть, *сов.*
    положу́, поло́жат)

кле́ить, *несов.*   to glue, to stick
    кле́ю, кле́ят

клубни́ка, ж *(ед.ч.)*   strawberry

кни́га (и), ж   book

ковёр (ковры́), м   carpet

ко́врик (и), м   rug

когда́   when

когда́-нибу́дь   ever, at any time

ко́жаный   leather

кока-ко́ла, ж   coca cola

колбаса́ (колба́сы), ж   sausage

колго́тки, *(мн.ч.)*   pantyhose

коллекциони́ровать   to collect
    коллекциони́рую
    коллекциони́руют

колле́кция (и), ж   collection

колхо́зный   collective farm (adj)

кольцо́ (ко́льца), *ср*   ring

комбина́ция (и), ж   slip (clothing)

коммуна́льная кварти́ра (ы), ж
    communal apartment

ко́мната (ы), ж   room

ко́мплекс (ы), м   complex

компо́стер (ы), м   punch (machine)

компо́т (ы), м   stewed fruit

компью́тер (ы), м   computer

конве́рт (ы), м   envelope

конди́терская (ие), ж   pastry store

кон(е́)ц (ы́), м   end, conclusion

конёк (коньки́), м   skate

консервато́рия (и), ж   conservatory

консе́рвы *(мн.ч.)*   conserves

конфе́та (ы), ж   candy

конча́ть, *несов.*   to finish
    конча́ю, конча́ют
    (ко́нчить, *сов.*
    ко́нчу, ко́нчат)

конья́к, м   cognac

коoperatíвная кварти́ра (ы), ж
    cooperative apartment (condominium)

копа́ть, *несов.*   to dig (up)
    копа́ю, копа́ют
    (вы́копать, *сов.*
    вы́копаю, вы́копают)

копе́йка (и), ж   kopeck

копчёная колбаса́, ж
    smoked sausage

корзи́на (ы), ж   basket

коро́бка (и), ж   box

коро́ткий   short

космона́вт (ы), м   cosmonaut

костю́м (ы), м   suit

кото́рый   who, that, which

ко́фе, м *(нескл.)*   coffee

ко́фта (ы), ж   jacket (women's)

ко́шка (и), ж   cat

кран (ы), м   tap (water)

крановщи́ца (ы), ж   crane operator (fem)

краси́вый   beautiful, handsome

кра́сный　red
крем (ы), *м*　cream, lotion
кре́сло (а), *ср*　armchair
крова́ть (и), *ж*　bed
кроссо́вка (и), *ж*　running shoe
кру́глый　round
кто　who
куда́　where to, to where
кудря́вый　curly
культу́ра, *ж*　culture
культури́зм, *м*　bodybuilding
купи́ть, *сов.*　to buy
　　куплю́, ку́пят
кури́ть, *несов.*　to smoke
　　курю́, ку́рят
ку́рица (ку́ры), *ж*　chicken, hen
ку́ртка (и), *ж*　jacket (coat)
кус(о́)к (и́), *м*　piece
ку́хня (и), *ж*　kitchen

Л

ла́мпа (ы), *ж*　lamp
ла́мпочка (и), *ж*　light bulb
лёгкая атле́тика, *ж*　track and field
лёгкий　light, easy
легкомы́сленный　frivolous
лежа́ть　to lie, be lying (position)
　　лежу́, лежа́т
лека́рство (а), *ср*　medicine,
　　medication
ле́кция (и), *ж*　lecture
ле́стница (ы), *ж*　staircase
ле́то (а), *ср*　summer
лимо́н (ы), *м*　lemon
лимона́д, *м*　lemonade (soft drink)
лингви́стика, *ж (ед.ч.)*　linguistics
литерату́ра, *ж*　literature
литр (ы), *м*　litre
лифт (ы), *м*　elevator (lift)
лице́й (и), *м*　lyceum, school
ложи́ться, *несов.*　to lie down
　　ложу́сь, ложа́тся
　　(лечь, *сов.*
　　ля́гу, ля́гут)
ло́жка (и), *ж*　spoon
лото́, *ср (нескл.)*　lotto

лук, *м*　onion
лы́жа (и), *ж*　ski
лы́сый　bald
люби́мый　favourite
люби́ть, *несов.*　to love
　　люблю́, лю́бят
люб(о́)вь, *ж*　love
лю́стра (ы), *ж*　ceiling lamp

М

магази́н (ы), *м*　store
магнитофо́н (ы), *м*　tape recorder
мазь (и), *ж*　ointment
май, *м*　May
ма́йка (и), *ж*　singlet, T-shirt
макаро́ны, *(мн.ч.)*　pasta
ма́ленький　small
мали́на, *ж (ед.ч.)*　raspberries
ма́ло　little, not much
маля́р (ы́), *м*　(house)painter
малы́ш (и́), *м*　kid (small child)
маринова́ть　to marinate, pickle
　　мариную́, маринуют
ма́рка (и), *ж*　stamp
ма́сло, *ср (ед.ч.)*　butter; oil
мастерска́я (йе), *ж*　studio;
　　workshop
матема́тика, *ж*　mathematics
матра́с (ы), *м*　mattress
матч (и), *м*　(sports) match, game
мать (ма́тери), *ж*　mother
маши́на (ы), *ж*　car
машини́стка (и), *ж*　typist
маши́нопись, *ж*　typewriting
ме́бель, *ж*　furniture
мёд, *м*　honey
медве́дь (и), *м*　bear
медици́нский　medical
ме́ньше　less, fewer
меню́, *ср (нескл.)*　menu
ме́сто (места́), *ср*　place
ме́сяц (ы), *м*　month
метро́, *ср (нескл.)*　metro, subway
мечта́тельный　dreamy
миксту́ра (ы), *ж*　medicine (liquid)
ми́мо　past (+ genitive

минера́льный　mineral (adj)
мину́та (ы), *ж*　minute
мир, *м*　world; peace
мирово́й　world (adj)
мла́дший　younger, junior
мо́дный　stylish, fashionable
мо́жно　(it's) possible, may one?
моло́же　younger
молоко́, *ср*　milk
мо́лотый　ground (e.g., coffee)
моло́чный　dairy (adj)
морко́вь, *ж*　carrot
моро́женое, *ср*　ice cream
мост (ы́), *м*　bridge
мочь, *несов.*　to can (be able)
　　могу́, мо́гут
　　(смочь, *сов.*
　　смогу́, смо́гут)
муж (мужья́), *м*　husband
мужско́й　male, man's, masculine
мужчи́на (ы), *м*　man
музе́й (и), *м*　museum
му́зыка, *ж*　music
музыка́льный　musical
музыка́нт (ы), *м*　musician
мультфи́льм (ы), *м*　animated film
　　(cartoons)
му́сор, *м*　garbage, trash
мы́ло, *ср (ед.ч.)*　soap
мыть(ся)　to wash (oneself)
　　мо́ю(сь), мо́ют(ся)
мя́гкий　soft, gentle
мя́со, *ср (ед.ч.)*　meat

Н

на　at, on (location, + prepositional);
　　to, on (direction, + accusative)
на́бережная (ые), *ж*　embankment
надева́ть, *несов.*　to dress, to put on
　　надева́ю, надева́ют
　　(наде́ть, *сов.*
　　наде́ну, наде́нут)
назначе́ние, *ср*　designation
называ́ть, *несов.*　to name
　　называ́ю, называ́ют
　　(назва́ть, *сов.*

назову́, назову́т)
накрыва́ть, *несов.*　to cover (a
　　table)
　　накрыва́ю, накрыва́ют
　　(накры́ть, *сов.*
　　накро́ю, накро́ют)
нале́во　to the left
налива́ть, *несов.*　to pour
　　налива́ю, налива́ют
　　(нали́ть, *сов.*
　　налью́, налью́т)
нама́зывать, *несов.*　to spread
　　(e.g. butter)
　　нама́зываю, нама́зывают
　　(нама́зать, *сов.*
　　нама́жу, нама́жут)
напи́т(о)к (и), *м*　drink
напра́во　to the right
напро́тив (чего́)　opposite
наро́дные пе́сни　folk songs
на́сморк, *м (ед.ч.)*　(head) cold
насте́нные часы́, *(мн.ч.)*　wall clock
нау́чный　scientific
нау́шник (и), *м*　earphone
находи́ться, *несов.*　to be located
　　нахожу́сь, нахо́дятся
национа́льность (и), *ж*　nationality
начина́ть, несов.　to begin
　　начина́ю, начина́ют
　　(нача́ть, *сов.*
　　начну́, начну́т)
невысо́кий　short (not tall)
неме́цкий　German (adj)
неоко́нченный　unfinished
непоня́тный　incomprehensible
не́рвный　nervous
не́сколько　a few
ни́зкий　low
но　but
но́вый　new
нога́ (но́ги), *ж*　foot, leg
нож (и́), *м*　knife
но́мер (а́), *м*　number
носи́ть, *несов.*　to carry, wear
　　ношу́, но́сят
носи́ть очки́　to wear glasses
носово́й плат(о́)к (и́), *м*　handkerchief
нос(о́)к (и́), *м*　sock

ночна́я соро́чка (и), ж night gown
ночь (и), ж night
ну́жно   necessary, need to

О

о(б) about, concerning (+ prepositional)
обе́дать, *несов.* to eat (have lunch)
   обе́даю, обе́дают
образова́ние, *ср* education
обраща́ться, *несов.* to address, turn to
   обраща́юсь, обраща́ются
   (обрати́ться, *сов.*
   обращу́сь, обратя́тся)
о́бувь, *ж (ед.ч.)* footwear
общежи́тие (я), *ср* dormitory
общи́тельный   sociable, friendly
обы́чно   usually
о́вощи, *(мн.ч.)* vegetables
огоро́д (ы) *м* (vegetable) garden
огур(е́)ц (ы), *м* cucumber
одева́ться *несов.* to get dressed
   одева́юсь, одева́ются
   (оде́ться, *сов.*
   оде́нусь, оде́нутся)
оде́жда, *ж (ед.ч.)* clothing
одея́ло (а), *ср* blanket
оди́н, *м* one
одна́, *ж* one
одно́, *ср* one
однако́мнатый   one-room (adj)
ожере́лье (я), *ср* necklace
окно́ (о́кна), *ср* window
о́коло   near, by (+ genitive)
олимпи́йский   olympic
о́пера (ы), *ж* opera
о́перный   opera
опла́чивать, *несов.* to pay
   опла́чиваю, опла́чивают
   (оплати́ть, *сов.*
   оплачу́, опла́тят)
определя́ть, *несов.* to determine
   определя́ю, определя́ют
   (определи́ть, *сов.*
   определю́, определя́т)

оптимисти́ческий   optimistic
осо́бенно   especially
остава́ться, *несов.* to stay (remain)
   остаю́сь, остаю́тся
   (оста́ться, *сов.*
   оста́нусь, оста́нутся)
остано́вка (и), *ж* (bus) stop
отврати́тельный   repulsive
отде́л (ы), *м* department
   бакале́йный   dry goods
   конди́терский   pastry
   мясно́й   meat
   ры́бный   fish
   хле́бный   bread
отде́льный   separate
о́тдых, *м* rest, holiday(s)
отдыха́ть, *несов.* to rest (relax)
   отдыха́ю, отдыха́ют
   (отдохну́ть, *сов.*
   отдохну́, отдохну́т)
от(е́)ц (ы), *м* father
открыва́ть, *несов.* to open
   открыва́ю, открыва́ют
   (откры́ть, *сов.*
   откро́ю, откро́ют)
откры́тка (и), *ж* post card
отправи́тель (и), *м* sender
отправле́ние, *ср* departure
отправля́ть, *несов.* to send
   отправля́ю, отправля́ют
   (отпра́вить, *сов.*
   отпра́влю, отпра́вят)
отправля́ться, *несов.* to depart
   отправля́юсь, отправля́ются
   (отпра́виться, *сов.*
   отпра́влюсь, отпра́вятся)
отрыва́ть, *несов.* to tear off
   отрыва́ю, отрыва́ют
   (оторва́ть, *сов.*
   оторву́, оторву́т)
о́тчество (а), *ср* patronymic
о́фис (ы), *м* office
официа́нт (ы), *м* waiter
официа́нтка (и), *ж* waitress
очки́, *(мн.ч.)* glasses (eye)

П

па́л(е)ц (па́льцы), *м* finger, toe
пальто́, *ср (нескл.)* coat
па́мятник (и) (кому́), *м* monument
парикма́херская (ие), *ж* hairdresser
па́рк (и), *м* park
па́спорт (а́), *м* passport
педагоги́ческий pedagogical
пенсионе́р (ы), *м* pensioner (male)
пенсионе́рка (и), *м* pensioner (female)
пе́нсия (и), *ж* pension
пе́пси, *м (нескл.)* Pepsi
пе́рвый first
пе́ред(о) in front of (+ instrumental)
переда́ча (и), *ж* broadcast
передвига́ть, *несов.* to move (shift)
    передвига́ю, передвига́ют
    (передви́нуть, *сов.*
    передви́ну, передви́нут)
перекрёст(о)к (и), *м* intersection
перепи́ска, *ж (ед.ч.)* correspondence
переу́л(о)к (и), *м* lane(way)
пе́р(е)ц, *м (ед.ч.)* pepper
пе́рсик (и), *м* peach
перча́тка (и), *ж* glove
пече́нье, *ср (ед.ч.)* cookies
печь, *несов.* to bake
    пеку́, пеку́т
    (испе́чь, *сов.*
    испеку́, испеку́т)
пиани́но, *ср* piano
пи́во, *ср (ед.ч.)* beer
пиджа́к (й), *м* sportscoat, blazer
пиро́г (й), *м* (meat) pie
пиро́жное (ые), *ср* pastry
писа́тель (и), *м* writer
писа́ть, *несов.* to write
    пишу́, пи́шут
    (написа́ть, *сов.*
    напишу́, напи́шут)
письмо́ (пи́сьма), *ср* letter
пить, *несов.* to drink
    пью, пьют
    (вы́пить, сов.
    вы́пью, вы́пьют)
плака́т (ы), *м* poster
пласти́нка (и), *ж* record (gramophone)

пла́стырь (и), *м* band-aid, plaster
плати́ть, *несов.* to pay
    плачу́, пла́тят
    (заплати́ть, *сов.*
    заплачу́, запла́тят)
плат(о́)к (й), *м* kerchief
пла́тье (я), *ср* dress
плащ (й), *м* raincoat
плита́ (пли́ты), *ж* stove
плохо́й bad
пло́щадь (и), *ж* square (city)
пляж (и), *м* beach
повора́чивать, *несов.* to turn
    повора́чиваю, повора́чивают
    (поверну́ть, *сов.*
    поверну́, поверну́т)
пода́р(о)к (и), *м* present, gift
подгото́вить, *сов.* to prepare
    подгото́влю, подгото́вят
подмета́ть, *несов.* to sweep
    подмета́ю, подмета́ют
    (подмести́, *сов.*
    подмету́, подмету́т)
поднима́ть, *несов.* to pick up
    поднима́ю, поднима́ют
    (подня́ть, *сов.*
    подниму́, подни́мут)
подоко́нник (и), *м* window sill
подру́га (и), *ж* female friend
подсо́лнечное ма́сло, *ср*
    sunflower oil
подтя́жки *(мн.ч.)* braces
поду́шка (и), *ж* pillow
подъе́зд (ы), *м* entrance
по́езд (а́), *м* train
пое́здка (и), *ж* trip
по́здно late
по́зже later
пожа́луйста please, you're welcome
покупа́ть, *несов.* to buy
    покупа́ю, покупа́ют
    (купи́ть, *сов.*
    куплю́, ку́пят)
поку́пка (и), *ж* purchase (buy)
по́ле (поля́), *ср* field
полива́ть, *несов.* to water
    полива́ю, полива́ют
    (поли́ть, *сов.*

полью́, полью́т)
поликли́ника (и), *ж*   polyclinic
поли́тик (и), *м*   politician
по́лный   full (ample)
положе́ние (я), *ср*   situation, status
   семейное положе́ние, *ср*
   family situation
полоска́ть, *несов.*   to rinse; to
gargle
   полощу́, поло́щут
   (прополоска́ть, *сов.*
   прополощу́, прополо́щут)
полоте́нце (а), *ср*   towel
получа́ть, несов.   to receive, get
   получа́ю, получа́ют
   (получи́ть, *сов.*
   получу́, полу́чат)
по́льзоваться, *несов.*   to use
   по́льзуюсь, по́льзуются
помидо́р (ы), *м*   tomato
по́мочи, *(мн.ч.)*   braces, suspenders
понима́ть, *несов.*   to understand
   понима́ю, понима́ют
   (поня́ть, *сов.*
   пойму́, пойму́т)
поп-му́зыка, *ж*   pop music
поре́зать, *сов.*   to cut, slice
   поре́жу, поре́жут
порош(о́)к (и́), *м*   powder
портве́йн, *м*   port (wine)
портфе́ль (и), *м*   briefcase
по́сле   after (+ genitive)
посте́ль (и), *ж*   bed
посу́да, *ж (ед.ч.)*   dishes, dinnerware
посыпа́ть, *несов.*   to sprinkle
   посыпа́ю, посыпа́ют
   (посы́пать, *сов.*
   посы́плю, посы́плют)
похо́жий (на + accusative)   similar (to)
почему́   why
по́чта (ы), *ж*   post office; mail
почто́вый (ые) я́щик (и), *м*
   postal box
поэзия, *ж (ед.ч.)*   poetry
поэте́сса (ы), *ж*   poetess
пра́вильный   right, correct
пра́здник (и), *м*   holiday, celebration
предме́т (ы), *м*   object, subject

предпочита́ть, *несов.*   to prefer
   предпочита́ю, предпочита́ют
предприя́тие (я), *ср*   enterprise,
   business, company
   совме́стное предприя́тие
   joint venture
представи́тель (и), *м*   representative
президе́нт (ы), *м*   president
прекра́сный   beautiful, wonderful
при   by, at, in the presence of
   (+ prepositional)
прибыва́ть, *несов.*   to arrive
   прибыва́ю, прибыва́ют
   (прибы́ть, *сов.*
   прибу́ду, прибу́дут)
прибы́тие, *ср (ед.ч.)*   arrival
приглаша́ть, *несов.*   to invite
   приглаша́ю, приглаша́ют
   (пригласи́ть, *сов.*
   приглашу́, пригласа́т)
при́городный по́езд (а́), *м*   local train
приключе́нческий   adventure (adj)
примеря́ть, *несов.*   to measure,
   to try on
   примеря́ю, примеря́ют
   (приме́рить, *сов.*
   приме́рю, приме́рят)
принима́ть, *несов.*   to accept, to take
   принима́ю, принима́ют
   (приня́ть, *сов.*
   приму́, при́мут)
приноси́ть, *несов.*   to bring
   приношу́, прино́сят
   (принести́, *сов.*
   принесу́, принесу́т)
приобрета́ть, *несов.*   to acquire
   приобрета́ю, приобрета́ют
   (приобрести́, *сов.*
   приобрету́, приобрету́т)
приходи́ть, *несов.*   to come (on foot)
   прихожу́, прихо́дят
   (прийти́, *сов.*
   приду́, приду́т)
прихо́жая (ие), *ж*   front hall,
   entry-way
про   about, concerning (+ accusative)
про́бовать, *несов.* to try, sample
   про́бую, про́буют
   (попро́бовать, *сов.*

попро́бую, попро́буют)

проверя́ть, *несов.* to examine, to test

проверя́ю, проверя́ют
(прове́рить, *сов.*
прове́рю, прове́рят)

програ́мма (ы), *ж* program

программи́ст (ы), *м* programmer

продава́ть, *несов.* to sell

продаю́, продаю́т
(прода́ть, *сов.*
прода́м, продаду́т)

продав(е́)ц (ы́), *м* clerk (male)

продавщи́ца (ы), *ж* clerk (female)

продово́льственный food, grocery (adj)

проду́кт (ы), *м* food product

прое́зд (а́), *м* passage, thoroughfare

прожива́ние, *ср (ед.ч.)* residence

прои́грыватель (и), *м* record player

проси́ть, *несов.* to ask (request)

прошу́, про́сят
(попроси́ть, *сов.*
попрошу́, попро́сят)

проспе́кт (ы), *м* avenue (prospect)

простыня́ (про́стыни), *ж* (bed) sheet

просыпа́ться, *несов.* to wake up

просыпа́юсь, просыпа́ются
(просну́ться, *сов.*
просну́сь, просну́тся)

про́тив against, opposite (+ genitive)

профе́ссия (и), *ж* profession

профе́ссор (а́), *м* professor

профе́ссорский professor's

проходи́ть, *несов.* to pass (by)

прохожу́, прохо́дят
(пройти́, *сов.*
пройду́, пройду́т)

пря́мо directly, straight

прямо́й direct, straight

пти́ца (ы), *ж* bird

пуло́вер (ы), *м* sweater (crew-neck)

путеше́ствовать, *несов.* to travel

путеше́ствую, путеше́ствуют

пылесо́с (ы), *м* vacuum cleaner

Р

рабо́та (ы), *ж* work

рабо́тать, *несов.* to work

рабо́таю, рабо́тают
(порабо́тать, *сов.*
порабо́таю, порабо́тают)

ра́дио, *ср (нескл.)* radio

радиоприёмник (и), *м* radio (set)

разведённый divorced

разве́шивать, *несов.* to hang up

разве́шиваю, разве́шивают
(разве́сить, *сов.*
разве́шу, разве́сят)

развлека́тельный entertaining

разводи́ться, *несов.* to get divorced

развожу́сь, разво́дятся
(развести́сь, *сов.*
разведу́сь, разведу́тся)

разгова́ривать, *несов.* to chat, to converse

разгова́риваю, разгова́ривают

разгово́рчивый talkative

раздева́ться, *несов.* to undress o.s.

раздева́юсь, раздева́ются
(разде́ться, *сов.*
разде́нусь, разде́нутся)

разде́лочная (ые) доска́ (и́), *ж* cutting board

разме́н, *м (ед.ч.)* exchange (money)

разме́нивать, *несов.* to change

разме́ниваю, разме́нивают
(разменя́ть, *сов.*
разменя́ю, разменя́ют)

ра́зный various, different

разреза́ть, *несов.* to cut up

разреза́ю, разреза́ют
(разре́зать, сов.
разре́жу, разре́жут)

райо́н (ы), *м* district, area

ра́ковина (ы), *ж* sink, basin

ра́но early

ра́ньше earlier, formerly, used to

расписа́ние (я), *ср* timetable

распоря́д(о)к (дня), *м* order, sequence

распоря́д(о)к дня, *м* daily schedule

рассма́тривать, *несов.* to examine, to look over

рассма́триваю, рассма́тривают
(рассмотре́ть, *сов.*
рассмотрю́, рассмо́трят)
расте́ние (я), *ср* plant
расчёсывать, *несов.* to comb
расчёсываю, расчёсывают
(расчеса́ть, *сов.*
расчешу́, расче́шут)
реда́ктор (ы), *м* editor
реди́ска, *ж (ед.ч.)* radish
ре́дко rarely
ре́зать, *несов.* to cut
ре́жу, ре́жут
(поре́зать, *сов.*
поре́жу, поре́жут)
рейс (ы), *м* (airplane) flight
река́ (ре́ки), *ж* river
рем(é)нь (ремни́), *м* belt
репети́ция (и), *ж* practice,
rehearsal
рестора́н (ы), *м* restaurant
реце́пт (ы), *м* prescription
речно́й вокза́л (ы), *м* river station
речно́й порт (ы), *м* river port
реши́тельный decisive
рис, *м (ед.ч.)* rice
роди́тель (и), *м* parent
роди́ться, *несов.* to be born
роди́лся, родила́сь, родили́сь
рожде́ние, *ср (ед.ч.)* birth
розе́тка (и), *ж* outlet (electrical)
рок-му́зыка, *ж (ед.ч.)* rock music
рома́н (ы), *м* novel
рома́нс (ы), *м* lyrical song
романти́ческий romantic
рост, *м (ед.ч.)* size, height
руба́шка (и), *ж* shirt
рубль (и́), *м* rouble
рука́ (ру́ки), *ж* hand, arm
ру́сская, *ж* Russian (female)
ру́сский, *м* Russian (male)
ру́сский Russian (adj)
ру́сый ash blonde (hair)
ру́чка (и), *ж* pen
ры́ба, *ж (ед.ч.)* fish
ры́жий red (haired)
ры́н(о)к (и), *м* market
рю́мка (и), *ж* liqueur-glass

ря́дом с   beside (+ instrumental)

С

с(о) (together) with (+ instrumental);
off, from (+ genitive)
сади́ться, *несов.*
сажу́сь, са́дишься
(сесть, *сов.*
ся́ду, ся́дут)
сала́т (ы), *м* salad
салфе́тка (и), *ж* napkin
сам (á, ó, и) self
самого́н, *м* homebrew
самолёт (ы), *м* airplane
самоуве́ренный self-confident
сапо́г (и́), *м* boot
са́хар, *м* sugar
свёкла, *ж (ед.ч.)* beet (s)
свет, *м (ед.ч.)* light
све́тлый light, bright
свини́на, *ж* pork
сви́тер (á), *м* sweater (turtleneck)
свобо́дный free
се́вер, *м* north
се́верный northern
се́веро-восто́чный northeastern
се́веро-за́падный northwestern
седо́й grey (hair)
сейча́с (right) now
секрета́рша (и), *ж* secretary
семья́ (се́мьи), *ж* family
серьга́ (се́рьги), *ж* earring
серьёзный serious
се́рый grey
сиде́ть, *несов.* to sit
сижу́, сидя́т
(посиде́ть, *сов.*
посижу́, посидя́т)
симпати́чный nice, likeable
си́ний (dark) blue
сказа́ть, *сов.* to speak, to say
скажу́, ска́жут
(говори́ть, *несов.*
говорю́, говоря́т)
ска́терть (и), *ж* table cloth
скве́рный nasty

сковорода́ (сковоро́ды) *ж* frying pan
сковоро́дка (и), *ж* frying pan
сла́бый weak
сла́дкий sweet
сладкое́жка (и), *м/ж* lover of
sweets
сле́ва on the left
сле́дующий next
сли́ва (ы), *ж* plum
сливно́й бачо́к, *м* toilet bowl
сло́жный complicated
слу́шать, *несов.*
  слу́шаю, слу́шают
  (послу́шать, *сов.*
  послу́шаю, послу́шают)
сма́зывать, *несов.* to spread,
smear
  сма́зываю, сма́зывают
  (сма́зать, *сов.*
  сма́жу, сма́жут)
смерть, *ж* death
смета́на, *ж* sour cream
сморо́дина, *ж (ед.ч.)* currants
  (red, black, white)
  (кра́сная, чёрная, бе́лая)
смотре́ть, *несов.* to watch (look)
  смотрю́, смо́трят
  (посмотре́ть, *сов.*
  посмотрю́, посмо́трят)
снима́ть (комнату), *несов.* to rent
  (a room)
  снима́ю, снима́ют
  (снять, *сов.*
  сниму́, сни́мут)
снима́ть оде́жду to get undressed
соба́ка (и), *ж* dog
собира́ть, *несов.* to collect (gather)
  собира́ю, собира́ют
  (собра́ть, *сов.*
  соберу́, соберу́т)
собира́ться, *несов.* to meet,
  gather (together); to be about to
  собира́юсь, собира́ются
со́бственный one's own
соверше́нно completely
совме́стный joint, cooperative
совреме́нный contemporary
сок (и), *м* juice

солда́т (ы), *м* soldier
соли́ть, *несов.* to salt, to pickle
  солю́, со́лят
  (посоли́ть, *сов.*
  посолю́, посо́лят)
со́нный sleepy
сообще́ние (я), *ср* communication;
  (train) connection
соси́ска (и), *ж* wiener
спа́льня (и), *ж* bedroom
спаси́бо thanks!
спать, *несов.* to sleep
  сплю, спят
специа́льность (и), *ж* specialty
спина́ (спи́ны), *ж* back, spine
споко́йный calm, quiet
  споко́йной но́чи! good night
спорт, *м* sport
спорти́вный ко́мплекс, *м* sports
  centre
спорти́вный костю́м (ы), *м*
  track suit
спортлото́, *ср (нескл.)* sport lottery
спортсме́н (ы), *м* athlete
спра́ва on the right
спра́шивать, несов.
  спра́шиваю, спра́шивают
  (спроси́ть, *сов.*
  спрошу́, спро́сят)
спуска́ться, *несов.* to descend,
  to go down
  спуска́юсь, спуска́ются
  (спусти́ться, *сов.*
  спущу́сь, спу́стятся)
сре́дний medium, average
  сре́днее образова́ние middle
  education
ста́вить, *несов.* to put (place)
  ста́влю, ста́вят
  (поста́вить, *сов.*
  поста́влю, поста́вят)
стадио́н (ы), *м* stadium
стака́н (ы), *м* glass
станови́ться, *несов.* to become
  становлю́сь, стано́вятся
  (стать, *сов.*
  ста́ну, ста́нут)
ста́нция (и), *ж* station

ста́нция метро́   subway station
стари́нный   old, antique
ста́рший   elder, senior
стели́ть, *несов.*   to spread (e.g.,
sheet)
    стелю́, сте́лют
    (расстели́ть, *сов.*
    расстелю́, рассте́лют)
стипе́ндия (и), *ж*   stipend
стира́льная маши́на   washing
machine
стира́льный порошо́к   laundry soap
стира́ть, *несов.*   to wash (clothing)
    стира́ю, стира́ют
    (постира́ть, *сов.*
    постира́ю, постира́ют)
стих (и́), *м*   verse(s)
сто, *ср*   hundred
сто́ить, *несов.*   to cost
    сто́ит, сто́ят
стол (ы́), *м*   table
столо́вая (ые), *ж*   dining room,
    cafeteria
сторона́ (сто́роны), *ж*   side, direction
стоя́нка такси́, *ж*   taxi stand
стра́нный   strange
строи́тельный   construction (adj)
стро́ить, *несов.*   to build
    стро́ю, стро́ят
    (постро́ить, *сов.*
    постро́ю, постро́ят)
студе́нт (ы), *м*   student (male)
студе́нтка (и), *ж*   student (female)
студе́нческий   student's
сту́л (ья), *м*   chair
стуча́ть, *несов.*   to knock
    стучу́, стуча́т
сувени́р (ы), *м*   souvenir
су́мка (и), *ж*   bag
суп (ы́), *м*   soup
суро́вый   stern (severe)
суха́рь (и́), *м*   rusk (s)
суши́ть, *несов.*   to dry
    сушу́, суша́т
    (вы́сушить, *сов.*
    вы́сушу, вы́сушат)
су́шка (и), *ж*   round rusks
счёт (счета́), *м*   account, bill

счита́ть, *несов.*   to count, figure
    счита́ю, счита́ют
    (счесть, *сов.*
    сочту́, сочту́т)
сын (сыновья́), *м*   son
сы́пать, *несов.*   to sprinkle
    сы́плю, сы́плют
сыр (ы́), *м*   cheese
сы́рник (и), *м*   cheese cake (small)

Т

табле́тка (и), *ж*   pill (tablet)
такси́ (нескл.), *ср*   taxi
таксопа́рк (и), *м*   taxi garage
тало́н (ы), *м*   coupon, ticket
там   there
та́почка (и), *ж*   slipper
таре́лка (и), *ж*   plate
тата́рин, *м*   Tatar (male)
    тата́ры, *(мн.ч.)*
тата́рка (и), *ж*   Tatar (female)
твёрдый   hard, firm
тво́рог (и́ли: творо́г), *м (ед.ч.)*
    cottage cheese
теа́тр (ы), *м*   theatre
телеви́дение, *ср*   television
телеви́зор (ы), *м*   television (set)
телесту́дия (и), *ж*   television studio
телефо́н (ы), *м*   telephone
телогре́йка (и), *ж*   padded jacket
тёмный   dark
температу́ра, *ж (ед.ч.)*   temperature
те́ни, *(мн.ч.)*   eye-shadow, make–up
те́ннис, *м*   tennis
теплохо́д (ы), *м*   steamship
тётя (и), *ж*   aunt
това́р (ы), *м*   good(s)
то́лстый   fat
то́лько   only
то́рт (ы), *м*   cake
торше́р (ы), *м*   floor lamp
тракторист (ы), *м*   tractor driver
трамва́й (и), *м*   street car
тра́нспорт, *м (ед.ч.)*   transport(ation)
тре́нер (ы), *м*   trainer
трест (ы), *м*   trust (company)

тролле́йбус (ы), *м*   trolleybus
тру́дный   difficult
трусы́, *(мн.ч.)* underpants
туале́т (ы), *м*   toilet
туале́тная бума́га, *ж*   toilet paper
туале́тный сто́лик, *м*   makeup table
ту́мбочка (и), *ж*   night table
ту́фля (и), *ж*   shoe
ты́ква (ы), *ж*   pumpkin
тяжёлая атле́тика, *ж* weight lifting
тяжёлый (рок), *м* heavy (rock)

У

у   at (someone's), near (+ genitive)
убира́ть, *несов.*   to clean up
    убира́ю, убира́ют
    (убра́ть, *сов.*
    уберу́, уберу́т)
у́г(о)л (ы́), *м*   corner
    в углу́   in the corner
    на углу́   at the corner
угоща́ть, *несов.*   to treat (guests)
    угоща́ю, угоща́ют
    (угости́ть, *сов.*
    угощу́, угостя́т)
уезжа́ть, несов.   to leave (depart)
    уезжа́ю, уезжа́ют
    (уе́хать, *сов.*
    уе́ду, уе́дут)
у́жин, м supper
у́жинать, *несов.*   to eat supper
    у́жинаю, у́жинают
узнава́ть, *несов.*   to recognize (know)
    узнаю́, узнаю́т
    (узна́ть, *сов.*
    узна́ю, узна́ют)
украи́н(е)ц (ы), *м* Ukrainian (male)
украи́нка (и), *ж* Ukrainian (female)
у́лица (ы), *ж*   street
уме́ть, *несов.*   to know how
    уме́ю, уме́ют
у́мный   smart, intelligent
умыва́ться, *несов.* to wash o.s.
    умыва́юсь, умыва́ются

(умы́ться, *сов.*
    умо́юсь, умо́ются)
универма́г (и), *м* department store
универса́м (ы), *м* supermarket
университе́т (ы), *м*   university
унита́з (ы), *м*   toilet bowel
упако́вывать, *несов.* to pack
    упако́вываю, упако́вывают
    (упакова́ть, *сов.*
    упаку́ю, упаку́ют)
уро́к (и), *м*   lesson
усло́вие (я), *ср*   condition
уста́лый   tired
уступа́ть, *несов.* to retreat (give way)
    уступа́ю, уступа́ют
    (уступи́ть, *сов.*
    уступлю́, усту́пят)
усы́, *(мн.ч.)* moustache
у́тро, *ср* morning
    у́тром   in the morning
утю́г (и́), *м* iron
у́хо (у́ши), *ср*   ear
уходи́ть, *несов.*   to leave, depart (on foot)
    ухожу́, ухо́дят
    (уйти́, *сов.*
    уйду́, уйду́т)
учи́лище (а), *ср* (technical) school
    драмати́ческое ... drama ...
    педагоги́ческое ...   education
    худо́жественное ... art ...
учи́тель (я́), *м*   teacher (male)
учи́тельница (ы), *ж*   teacher (female)
учи́ться, *несов.*   to learn
    учу́сь, у́чатся

Ф

фа́брика (и), *ж* factory
факульте́т (ы), *м*   faculty
    (вычисли́тельной те́хники)
    (of computer science)
фами́лия (и), *ж* surname
фанта́стика, *ж (ед.ч.)* fantasy
    нау́чная фанта́стика science fiction
фарширова́ть, *несов.* to stuff

фарширу́ю, фарширу́ют
фе́н (ы), *м* hair dryer
фи́зика, *ж (ед.ч.)* physics
физкульту́ра, *ж* physical training
филиа́л (ы), *м* branch, subsidiary
филологи́ческий philological
фи́льм (ы), *м* film
    фильм у́жасов horror film
фина́нсово–экономи́ческий
    financial-economics
фи́рма (ы), *ж* firm (company)
фо́рточка (и), *ж* window vent
фото́, *ср (нескл.)* photo, photograph
фотоаппара́т (ы), *м* camera
францу́зский French (adj)
фру́кт (ы), *м* fruit
фуже́р (ы), *м* wine glass
футбо́л, *м* soccer
футбо́лка (и), *ж* T-shirt

X

хала́т (ы), *м* dressing gown
хара́ктер (ы), *м* character
хи́мик (и), м chemist
хи́мия, *ж (ед.ч.)* chemistry
хи́трый sneaky, sly
хлеб, *м (ед.ч.)* bread
хле́бница (ы), *ж* bread box
хо́бби, *ср (нескл.)* hobby
ходи́ть пешко́м to go on foot
    хожу́, хо́дят пешко́м
хокке́й, *м* hockey
холоди́льник (и), *м* refrigerator
холо́дный cold
хор (ы), *м* choir, chorus
хоро́ший fine, good
хорошо́ fine, good
худо́жественный art (adj)
худо́жник (и), *м* artist
худо́й thin

Ц

цвет (а́), *м* colour
цветно́й colour (adj)

цвето́к (цветы́), *м* flower
цвето́чный flower (adj)
цена́ (це́ны), *ж* price
центр, *м* centre
центра́льный central
церко́вный church (adj)
це́рковь (це́ркви), *ж* church
цирк (и), *м* circus

Ч

чай, *м* tea
ча́йник (и), *м* teapot, kettle
ча́йный tea (adj)
час (ы́), *м* hour, o'clock
ча́стный private
ча́сто often
часть (и), *ж* part, portion
часы́ *(мн.ч.)* clock (wrist watch)
ча́шка (и), *ж* cup
чек (и), м check, receipt ·
челове́к (лю́ди), *м* person
чемода́н (ы), *м* suitcase
чемпио́н (ы), *м* champion
чёрный black
чини́ть, *несов.* to fix, repair
    чиню́, чи́нят
    (почини́ть, *сов.*
    починю́, почи́нят)
число́ (чи́сла), *ср* number; date
чи́стить, *несов.* to clean
    чи́щу, чи́стят
чита́ть, *несов.* to read
    чита́ю, чита́ют
    (прочита́ть, *сов*
    прочита́ю, прочита́ют)
что what, that
что́бы in order to
чул(о́)к (и́), *м* stocking

Ш

шампа́нское, *ср* champagne
шампу́нь (и), *м* shampoo
ша́пка (и), *ж* hat

шарф (ы), *м* scarf
шашлы́к (и́), *м* shashlik,
    shish-kebob
швейный sewing (adj)
шить, *несов.* to sew
    шью, шьют
шкаф (ы́), *м* wardrobe; cupboard
    в шкафу́ in the wardrobe
шко́ла (ы), *ж* school
шко́льник (и), *м* school child
шко́льный school (adj)
шокола́д, *м (ед.ч.)* chocolate
шо́рты, *(мн.ч.)* shorts
шофёр (ы), *м* driver, chauffeur
што́ры, *(мн.ч.)* curtains, shades

Щ

щётка (и), *ж* brush
щи, *(мн.ч.)* cabbage soup

Э

эклер (ы), *м* eclair
экономи́ст (ы), *м* economist
экскурсово́д (ы), *м* tour guide
электробри́тва (ы), *ж* electric
shaver
электроприбо́ры, *(мн.ч.)* electrical
    appliances
электротова́ры, *(мн.ч.)* electrical
    goods
эстра́дный stage, popular
    (entertainment) (adj)
эта́ж (и́), *м* floor

Ю

ю́бка (и), *ж* skirt
юг, *м* south
юго-восто́чный southeastern
юго-за́падный southwestern
ю́жный southern

Я

я́блоко (и), *ср* apple
я́года (ы), *ж* berry
язы́к (и́), *м* tongue, language
яи́чница, *ж (ед.ч.)* omelette
яйцо́ (я́йца), *ср* egg

Additional Notes

Указа́тель к пла́ну го́рода Дивногра́да

Дома́шние адреса́ дивногра́дцев

Алапа́ев	ул. Чайко́вского, дом 3, кв. 21	А2
Анто́нова	ул. Декабри́стов, дом 13, кв 17	Г1
Бомбе́йский	ул. Ле́рмонтова, дом 6, кв. 9	Г2
Бы́кова	просп. Ми́ра, дом 5, кв. 35	В3
Вардана́н	Дми́тровский переу́лок., дом 17, кв. 75	Г3
Галиу́ллин	ул. Обло́мова, дом 8, кв. 12	Г1
Галу́шкин	Каза́чий переу́лок., до́м 5, кв. 11	Г1
Дорохо́вич	ул. Ши́шкина, дом 7, кв. 15	В1
Ивано́в	дере́вня Диви́нка	—
Конта́ктов	ул. Лобаче́вского, дом 8, кв. 18	Б1
Мака́ров	Моско́вский проспе́кт., дом 10, кв. 59	А2
Мягко́ва	ул. Достое́вского, дом 10, кв. 8	В1
Никано́рова	ул. Тамбо́вская, дом 17, кв. 14	Б3
Оре́хов	ул. Шаля́пина, дом 12, кв. 22	В3
Панасю́к	Цвето́чный прое́зд., дом 17	В1
Петре́нко	Университе́тский проспе́кт., дом 2, кв. 35	В1
Показу́хина	ул. Скря́бина, дом 4, кв. 56	А2–А3
Руставе́ли	ул. Садо́вая, дом 2, кв. 68	А3
Семёнова	ул. Го́рького, дом 8, кв. 10	В1
Умно́ва	ул. Толсто́го, дом 13, ком. 45	А1

Указа́тель к пла́ну го́рода Дивногра́да

Улицы

Го́голя, у́лица (В2)
Го́рького, у́лица (В1)
Декабри́стов, у́лица (В1–Г1)
Дми́тровский переу́лок (Г2–Г3)
Доне́цкая у́лица (Г2–Г3)
Достое́вского, у́лица (В1–В2)
Дру́жбы, проспе́кт (Б1)
Зи́мний переу́лок (Г3)
Каза́чий переу́лок (Г1–Г2)
Космона́втов, у́лица (В3)
Кра́сный переу́лок (В2)
Левита́на, у́лица (Б2)
Ле́рмонтова, у́лица (Г2)
Лобаче́вского, у́лица (А1–Б2)
Ломоно́сова, у́лица (В3)
Ма́лый переу́лок (Б2)
Менделе́ева, у́лица (В2–Г2)
Ми́ра, проспе́кт (В3)
Моско́вский проспе́кт (А2–Б2)
Мостово́й переу́лок (В2)
На́бережная (Б2–В2–В3)
Нико́льский переу́лок (Б2)
Обло́мова, у́лица (Г1)
Пу́шкина, пло́щадь (Б2)
Садо́вая, у́лица (А3, Б3)
Сама́рский переу́лок (Б2–Б3)
Скря́бина, у́лица (А2–А3)
Тамбо́вская у́лица (Б3)
Толсто́го, у́лица (А1–А2–Б2)
Университе́тский проспе́кт (А1–Б1–В1)
Цвето́чный прое́зд (В1)
Чайко́вского, у́лица (А2–Б1–В1)
Че́хова, у́лица (Б2–В2)
Шаля́пина, у́лица (В3–Г3)
Ши́шкина, у́лица (В1–В2)

Ста́нции метрополите́на

«Вокза́л» (Г1)
«Декабри́стская» (В1)
«Парк культу́ры» (А3)
«Пу́шкинская» (В2)
«Речно́й порт» (Г1)
«Ры́нок» (Б1)
«Стадио́н» (Г3)
«Университе́т» (А1)
«Че́ховская» (Б3)

Друго́й тра́нспорт

Автовокза́л (Г3)
Железнодоро́жный вокза́л (Г1)
Речно́й порт (Г2)
Стоя́нка такси́ (Б2)

Авто́бусы

№2 (А3–Б3–В2–Г1)
№3 (А1–Б1–В1)
№5 (В1–В2)
№19 (А1–А2–Б2–В2–Г2–Г3)

Трамва́и

№1 (А2–Б1–В1–Г1)
№9 (В3–Г3)

Тролле́йбусы

№6 (Б1–Б2–В3)
№22 (А2–Б2–В2–Г2)

Указа́тель к пла́ну го́рода Дивногра́да

Магази́ны, фи́рмы

Автозапра́вочная ста́нция (Б3)
Апте́ка (В1)
Банк (В2)
Бли́нная ((Г1)
Букини́ст (Г2)
Бу́лочная (В1)
Гастроно́м (Г1)
Изда́тельство «АРДИС» (Б2)
Кио́ски (А1, Б1, В3, Г1)
«Кни́ги» (В2, Г2)
Конди́терская (Б–В1)
Комиссио́нный (Г1)
«Молоко́» (В2)
«Обувь» (В3)
«Оде́жда» (Б2)
Парикма́херская (Б1)
Пивно́й бар (Г2)
Пра́чечная (В3)
Ремо́нт бытово́й те́хники (Б2)
Ремо́нт часо́в (Г2)
Ры́нок (Б1)
Спортова́ры (Г2)
«Сувени́ры и пода́рки» (В1–В2)
Универса́льный магази́н (Б1–В1)
Универса́м (Г3)
фа́брика (Г2)
фи́рма «ИНТЕРПРОМ» (Б3)
«ФОТО» (Б–В1)
А/О фи́рма «ФОРТ ДИАЛОГ» (А1)
Химчи́стка (В3)
Хле́бный магази́н (В–Г3)

Гости́ницы, рестора́ны

Бли́нная (Г1)
Гости́ница «Ко́смос» (Г1)
Гости́ница «Росси́я» (В2)
Гости́ница «Университе́тская» (А1)
Кафе́ «Встре́ча» (Г1)
Кафе́ «Заря́» (В3)
Кафе́ «Луч» (В1)
Кафе́ «Моро́женое» (А1)
Рестора́н «Дивна́» (В2)
Рестора́н «Па́рус» (В2)
Столо́вая (В1)

Культу́ра и спорт

Библиоте́ка (Г3)
Вы́ставочный зал (А2)
Гимна́зия (Г2)
Де́тский сад (Б1)
Дивногра́дский университе́т (А1)
Дом худо́жников (Б1–Б2)
Кинотеа́тр «Ро́дина» (В1–Г1)
Консервато́рия (А2–Б2)
Лице́й (А1)
Медици́нский институ́т (В3)
Музе́й (Б1)
Парк культу́ры (А3–Б3)
Педагоги́ческое учи́лище (Г3)
Пляж (Б3)
Политехни́ческий институ́т (Б3)
Спорти́вный ко́мплекс (В3–Г3)
Стадио́н (Г3)
Теа́тр и́мени Го́голя (В2)
Цирк (Г2)
Худо́жественное учи́лище (А1–А2)
Шко́ла №5 (В1)
Шко́ла №7 (Г2)

Кио́ски

«Газе́ты» (Б1, В3)

«Со́ки» (А1)
«Цветы́» (В2)

Ра́зное

Горсове́т (Б2)
Мили́ция (А2)
Поликли́ника (А2)
По́чта (В1)
Телесту́дия (Б2)
Успе́нский собо́р (А2)
Це́рковь свято́го Никола́я (Б2)

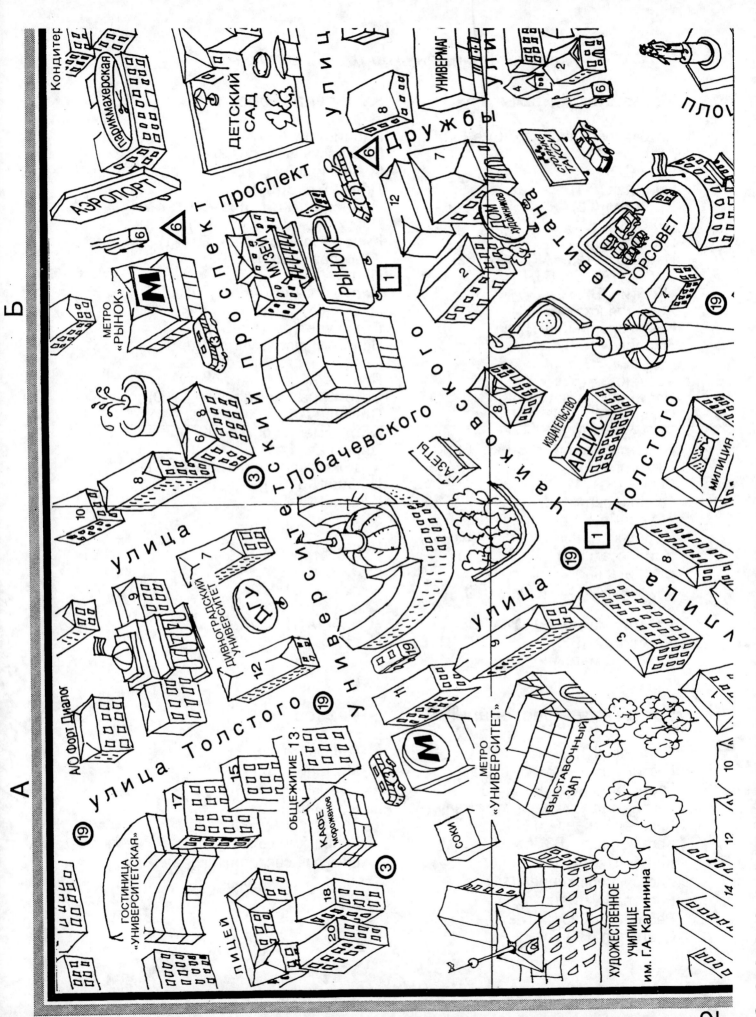

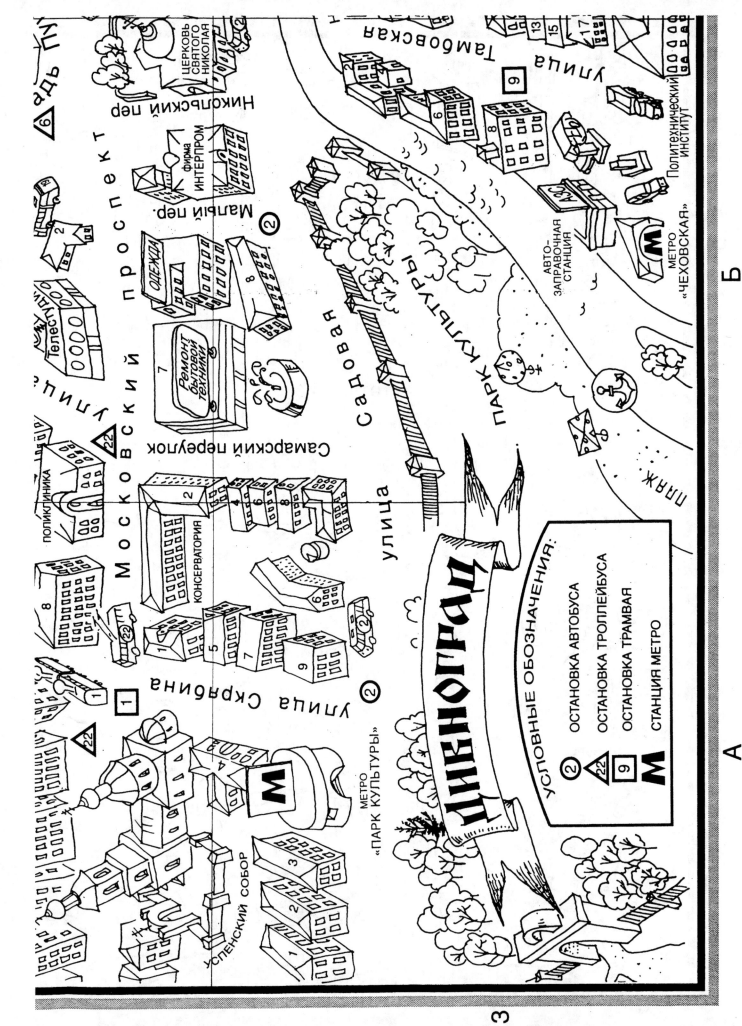

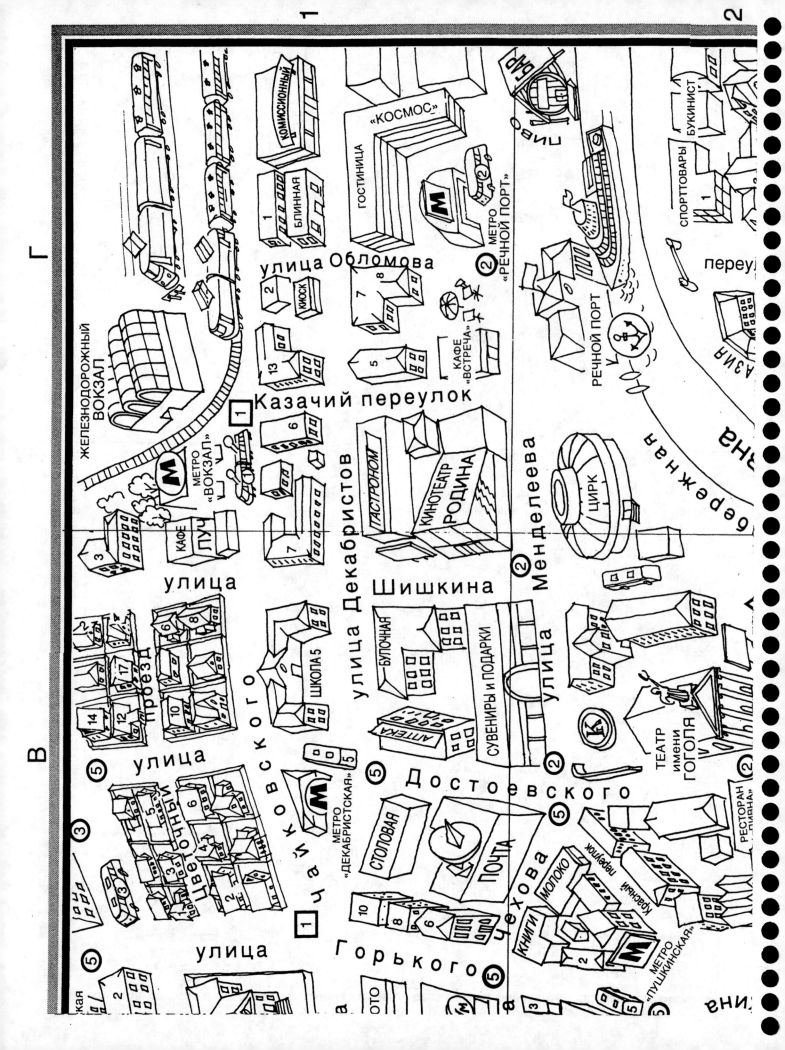

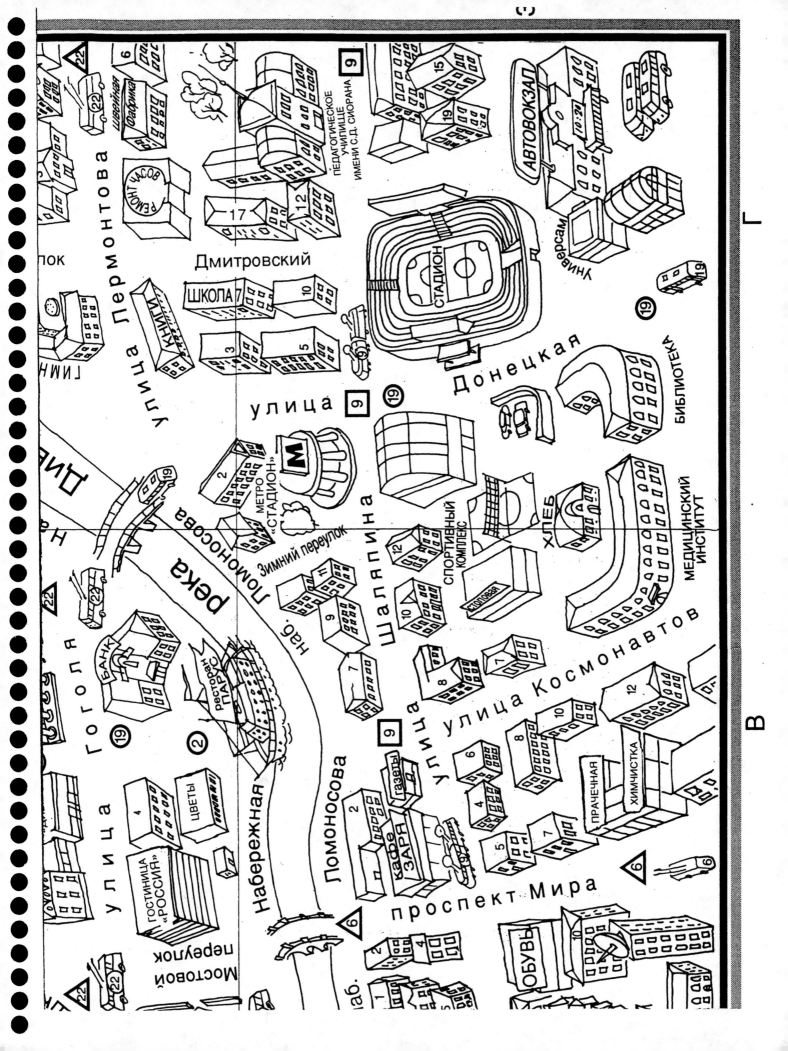